子育て
"絶対成功"
論

妊娠中から6歳までの
子育て72の智慧

井澤 亨
IZAWA TOHRU

幻冬舎

子育て"絶対成功"論
妊娠中から6歳までの子育て72の智慧

目標達成シート

8-8	8-1	8-2		1-8	1-1
8-7	8-0	8-3		1-7	1-0
8-6	8-5	8-4		1-6	1-5
7-8	7-1	7-2		8	1
7-7	7-0	7-3		7	目標
7-6	7-5	7-4		6	5
6-8	6-1	6-2		5-8	5-1
6-7	6-0	6-3		5-7	5-0
6-6	6-5	6-4		5-6	5-5

★書き方のルール

1）できるだけ現在形、肯定文で書く。

　　目標がすでに実現しているかのように現在形（または現在進行形）、肯定文で「～する、～している」と書く。

　　例えば、　　目標「子どもが素晴らしい医師になり、活躍している」○

　　　　　　　「病気にならない」×→「健康な身体をつくる」○

　　　　　　　「子どもが人から馬鹿にされたり、嫌われない」×→「子どもが人から<u>好かれ、親しまれ、尊敬される</u>」○

| 日付 | / | / | 名前 | | |

1-2	2-8	2-1	2-2
1-3	2-7	2-0	2-3
1-4	2-6	2-5	2-4
2	3-8	3-1	3-2
3	3-7	3-0	3-3
4	3-6	3-5	3-4
5-2	4-8	4-1	4-2
5-3	4-7	4-0	4-3
5-4	4-6	4-5	4-4

2) 「目標」が最初。
「目標」をまず考え、先に書く。「人生の目標」や「子育ての目標」

3) 次に「その**目標達成に必要なこと（1～8）**」を書く。

4) **目標達成に必要なこと（1～8）を8方向に転記する。**

5) 転記した 1-0 の達成のために必要な具体的な行動計画を8つ（1-1～1-8）書く。
※目標達成に必要なことは具体的な行動計画をアファメーションとする。

目標達成シート（サンプル）

8-8 1日1回は静なる時（自省）を持つ	**8-1** 正義を推し進める	**8-2** 信頼される人	**1-8** どこに通ってもtop15%以内の成績をとらせる	**1-1** 勉強大好きにする進んで学ぶ賢い子
8-7 正々堂々と振る舞う	**8-0** 規範意識・遵法精神 誠実・正直・自省	**8-3** 約束を守る 時間を守る	**1-7** 医学部進学実績の高い中高一貫校へ進学させる	**1-0** 知力＝学力・教養 一生ものの学習力
8-6 言いたいことは直接本人に話す	**8-5** 道徳律・法律を守る	**8-4** 正直	**1-6** 合格実績が高く、受験情報の豊富な塾・予備校の活用	**1-5** 毎朝の学習習慣
7-8 人体の不思議に興味を持つ	**7-1** 自室の壁に憧れの医師（病院）の写真を掲示	**7-2** その時々の目標を自室の壁に掲示	**8** 規範意識・遵法精神 誠実・正直・自省	**1** 知力＝学力・教養 一生ものの学習力
7-7 病気になる仕組みと病気を治す仕組みに関心を持つ	**7-0** 意欲・やる気 向上心	**7-3** やる気・モチベーションの維持	**7** 意欲・やる気 向上心	**目標** 子どもが素晴らしい医師となり、活躍している
7-6 何事にも探求心を持つ	**7-5** 成功までの道筋をシミュレーションする	**7-4** アファメーションを毎朝朗読	**6** 人間性・感化力 人を思いやる心 優しい心	**5** 健康な身体 体力づくり
6-8 感性を磨く 芸術（音楽・美術） 文学	**6-1** 優しい心 思いやり	**6-2** 感謝・報酬 ありがとう	**5-8** 予防接種・ワクチン接種	**5-1** 規則正しい生活
6-7 人の長所に光をあてて、発見し、正しく評価する	**6-0** 人間性・感化力 人を思いやる心 優しい心	**6-3** 挨拶・礼儀作法	**5-7** 免疫力を上げる	**5-0** 健康な身体 体力づくり
6-6 仲間を思いやる心 仲間と一緒に目標を達成する	**6-5** 相手の身になって考える 自分なら、どうする	**6-4** 人を勇気づけ、良い影響を与える	**5-6** スタミナづくり	**5-5** 頑健な身体をつくる

| 日付 | / | / | 名前 | |

1-2 記憶力をアップするための記憶習慣「3×7＝21 学習法」	2-8 一喜一憂しない	2-1 目的的人生 アファメーションを毎朝朗読	2-2 ピンチはチャンス ピンチに強い人
1-3 理解力を高める読書習慣	2-7 プラスの発想	2-0 強い心＝信念 不動心	2-3 成功への執念
1-4 特に英語力を高める（英文で論文を執筆し、発表するから）	2-6 肯定表現	2-5 自分を持つ	2-4 冷静 but 熱き思い
2 強い心＝信念 不動心	3-8 スモールステップで小さな成功を重ね、達成感を与える	3-1 PDCA サイクル	3-2 努力するプロセスを大事にする
3 実行力・継続力 結果を出す力	3-7 言霊を大事にする	3-0 実行力・継続力 結果を出す力	3-3 継続力
4 奉仕の精神 世のため人のため	3-6 大切なことは習慣にする	3-5 途中であきらめない 結果を出す	3-4 集中力を育成
5-2 栄養・食事 身体に良いものだけ	4-8 人が好き 話を聞くのが好き	4-1 人の役に立てることが嬉しい	4-2 共感力
5-3 運動で健康維持	4-7 人を愛し、人を活かす	4-0 奉仕の精神 世のため人のため	4-3 無償の愛
5-4 睡眠時間をしっかりとる	4-6 人智を超えた存在への敬意と感謝	4-5 お手伝い お片付け ゴミ拾い	4-4 人から好かれ、愛される

※ 212 ページの二次元コードよりダウンロードできます。

はじめに

　わが子にどのように育ってほしいですか？

　頭が良くて、優しくて、社会に貢献できる人間に育って、そして、幸せになってくれたら……。
　多くの親はこんなふうに思うのではないでしょうか。
　しかし、わが子がそんな素晴らしい人に育つのか、具体的な子育て法を指南してくれる人はあまり多くありません。また、現実には子育ての成功法を教えてくれる学校もありませんし、親として子育てにどう取り組めばよいのかという具体的な方策を教えてくれる本もありません。あるのは「こんな悩みにはこうしなさい」といった対症療法としての本か医学的見地からアドバイスされる本ばかりです。小さな子どもを持つ親が本来求めているのは、「こう育てれば頭が良く、いい子になる」という基本方針と具体的方策が載っている決定版だと思います。

　私は大手塾の創立メンバーの一人として27年間中高受験の指導をしてきました。その中で痛感したのは「中学からではあまりに遅すぎる」ということです。人は良くも悪くも方向性が決まるのは0～6歳です。その大切な時期に親がどう育てるかで、その子の今後の人生が大きく変わってくるのです。ソニーの創業者である井深 大氏もその著

書で「早期教育」こそが大切であると力説しています。私は学習塾という教育現場でまったく同じことに気づきました。

　私が自分で塾を開校してから23年、中高受験塾での経験を合わせると約50年になります。この長きにわたる教育現場での指導経験から、私なりに子どもをどう育てれば素晴らしい人に成長させることができるのか、そんな成功論を確立してきました。

　本書ではそんな長年の指導経験の成果を「子育て72の智慧」としてまとめています。わが子が努力を重ね、好きな道を選び、仕事を通じて人々を幸せにすると同時に自分自身も幸せな人生を生きている――そんな子どもの幸せを実現することが親にとって「子育て成功」だと私は思っています。本書が子育てに邁進する親にとって少しでも役に立つものとなれれば、著者としてこれ以上の喜びはありません。

2025年4月

教育アドバイザー　井澤 亨

目　次

はじめに　　　　　　　　　　　　　　　　　　　　　　　6

第 1 章

社会に出たとき、
わが子がどんな大人になっていてほしいか
子育てでいちばん大切なのは
わが子の将来を想う親の"ビジョン"

子育てビジョンと目的的人生論　　　　　　　　　　　　16

子育てビジョンを作るうえで大切なこと　　　　　　　　18

時間軸に分けて子育てビジョンを考える　　　　　　　　19

子育てビジョンを目標達成シートにして掲示する　　　　22

有効活用すべきアファメーションとは　　　　　　　　　23

計画は軌道修正するのが当然　　　　　　　　　　　　　25

親の夢を子どもに押しつけない　　　　　　　　　　　　26

子どもは親とは別人格　　　　　　　　　　　　　　　　27

子どもに与えるべきは「選べる立場」　　　　　　　　　28

どんなに忙しくても子育ては絶対成功できる　　　　　　30

第 1 章のまとめ　　　　　　　　　　　　　　　　　　　33

第 2 章

子どもを授かった瞬間から子育ては始まる
妊娠中の子育ての智慧

01	「授かって嬉しい」をおなかの子に伝える	36
02	妊娠中はできるだけ心穏やかに	38
03	聞かせたくない話はしない	39
04	子どもは天から預かったもの	42
05	生まれてきた赤ちゃんにたくさん話しかける	44
06	先天的な向上心を後押しする	46
07	最初に教えるのは「安全・危険」	47
08	幼児語は使わない	48
09	正しい価値基準を身につけさせる	50
10	できるだけ同じ部屋で過ごす	54
11	前向き抱っこで素晴らしい世界を見せよう	56
12	褒め合う家庭が赤ちゃんを幸せにする	58
13	自立心は0歳から育む	60
	第2章のまとめ	62

第 **3** 章

すべての子どもが生まれつき持っている
向上心を伸ばす
進んで学ぶ賢い子に育てる智慧

14	幼児期の教育のコツはスモールステップ	64
15	「勉強だけ」では足りません	66
16	頭の良さの5要素	68
17	子どもの記憶力は覚える訓練で育つ	70
18	日常生活の中で集中力を伸ばす	74
19	子どもの理解力を上げるコツ	76
20	子どもの観察力は絵で育つ	79
21	創造力を育むために知識を身につける	82
22	3週間で一生の学習習慣を身につけさせる	85
23	子育ては「褒め褒め作戦」で	90
24	物で釣って勉強のモチベーションにしない	94
25	読み聞かせをすると賢い子が育つ	96
26	ひらがなを覚えさせる「スイッチバック方式」	102
27	英語より日本語が先	104
28	学ぶことが大好きな子に育てるには	105
29	家族旅行で理科・社会の実体験をする	108
30	「トム・ソーヤー方式」で勉強が楽しくなる	110
31	ほかの子どもと比べない	113

32	３×７＝21学習法	114
33	親も一緒に答え探しをする	116
34	初めから正しい答えを導き出せるようにする	118
35	やる気はお金では買えない	121
36	音読が学力の基礎を創る	122
37	単純作業で脳を活性化する	124
38	良い本こそ買って手元に置いておく	126
39	先に学ぶ楽しさを体験させる	129
40	鉛筆の正しい持ち方は4歳まで	131
41	何事も正しい姿勢で	135
42	子どもの器を大きくしよう	137
43	最高の結果でなくても努力はムダにならない	139
	第３章のまとめ	141

第 **4** 章

尊敬され、社会に求められる人は「心」が育っている
他者を思いやれる優しい子を育てる智慧

44	やる気×方向性×実行力＝成功	144
45	叱るのではなく、ほかにやるべきことを示す	146
46	じっくり良さを伝える	147
47	肯定的な表現をする	148
48	幼児期から育てたい規範意識	150
49	子どもの人格を尊重し、丁寧に接する	155

50	礼儀作法は小笠原流をお手本に	156
51	一日の終わりは親子の楽しい時間にする	159
52	性格は変えられない、行動習慣を整える	160
53	「思いやり」は学力の基本	162
54	心の成長も親がお手本を見せる	164
55	なりたい自分になる	166
56	我慢できる子に育てる	168
57	種をまかなかったら芽は出ない	171
58	なぜお手伝いをさせたほうがいいのか	172
59	失敗にも意味がある	175
60	お話を通して人生で大切なことを教える	178
61	自分用の布団を子どもにプレゼントする	182
62	赤ちゃん返りは「尊重されたい」の表れ	184
63	心と身体は密接に結びついている	186
64	心の成長をノートに記録する	188
65	５つの心の習慣	190
第4章のまとめ		193

第 5 章

親が先に変われば子どもも変わる
親子で学び成長していくための智慧

66	子どもを変えたかったら親が先に変わる	196
67	「生まれてきてくれてありがとう」を忘れない	197

68	親も学ぶことで「より良い親」になる	198
69	親のほうが子離れを意識しよう	201
70	家族から尊敬される父母になる	202
71	子どもの成長に合わせて親も学ぶ	204
72	親としてのありようは100人いれば100通り	206
	第5章のまとめ	207

おわりに	208
本書を応援してくれるみなさんへ	210
もっと詳しく知りたい方へ	212
謝辞	214

第 **1** 章

社会に出たとき、わが子が
どんな大人になっていてほしいか
子育てでいちばん大切なのは
わが子の将来を想う親の"ビジョン"

子育てビジョンと目的的人生論

　親は例外なく子どもの幸せを強く願っています。

　将来子どもが自分の望む仕事に就くことができ、それが社会的にも評価され、十分な報酬を得て、家族や友人や仕事関係などの人間関係にも恵まれる——多くの親がこうした子どもの幸せを願っていると思います。

　では子どもが幸せな人生を歩めるようにするために、親はどうしたらよいのでしょうか。まず、子どもがどんなことに直面しても問題解決していける「賢さ」を備えさせたいと思います。また、人に慕われ愛される「心」も育ててあげたいです。親がすべきことはこの両方を車の両輪のようにバランス良く育つよう導くことだと私は考えています。そして、子どもの頭と心を育てるカギとなるのが、「子育てビジョン（子育ての目標）」を親と子の両方が持つことです。

　例えば、今や日米でその名を知らない人はいないメジャーリーガーの大谷翔平選手は、前人未到の記録とスター性に加え、人柄の良さでも多くの人から尊敬を集めています。彼が高校生の頃から「目標達成シート」を作っていたのは有名なエピソードです。そこには将来の自分の理想像がはっきりと記され、野球選手として超一流であるだけでなく、人として成熟することについても記されています。自分の能力と人間性をどう理想に近づけていくのか、明確な目標があったからこそ、そこへ向けて努力すること

ができ、世界的な成功につながっていったのだと思います。

子育てビジョンは人生の羅針盤となり、「どんな大人になりたいのか」という将来像や、「何を大切にして生きていきたいのか」という価値観の実現に向かって前進する原動力となるものです。このビジョンに向かい邁進していく人生を、私は「目的的人生」と名付けました。目的的人生を歩む人はビジョンを実現するために自分は何をすべきか考え、楽しみながら努力し行動していきます。大谷選手もまさにその典型例といえると思います。ビジョンを持つことで、人は日々の行動により深い意味を見いだし、困難に直面しても乗り越えようとする強さを育むことができるのです。

親の役割は、子どもが実際に日々の生活の中で目的に向かって頑張ることができる環境を整えることです。また、子どもが小さいうちでも、一緒に将来の夢や目標について話したり、その達成に必要な学びや経験をサポートしたりすることが大切です。これは子どもの将来を左右する一生ものの力となると思います。

目的を持って生きる人生と、特に目的なく生きる人生。確かに、どんな生き方をしても、それぞれの人の自由です。しかし、目的を持って生きるほうが人生は充実すると思います。

また、目指すべきは「子どもの価値観に合った目標」であり、すべての人が有名人になる必要はありません。医師であれば最高の医療を提供するため、教師であれば生徒に

より良い教育を届けるため、料理人であれば素晴らしい料理を作るため、それぞれの立場や自分の分野で最善を尽くすことが最も大切です。それぞれの道で努力する姿勢を親が支え、その習慣が身につくよう導いてあげることこそが親の使命なのです。

子育てビジョンを作るうえで大切なこと

子育てビジョンを描くにあたり大切なポイントが２つあります。１つ目は子ども自身の幸せを第一にし、親の思い込みを押しつけないことです。

親は子どもの幸せな人生を願っています。しかし、幸せの定義は人それぞれ異なり、時代によっても変化します。だからこそ、将来の社会状況や価値観の変化を予測しつつ、子どもが幸せに生きるために必要な能力や資質を考えることが大切です。これは、子どもに特定の職業や生き方を押しつけるのではなく、多くの選択肢の中から自分にとって最良の道を選べる状態に導くということです。つまり選べる幸せを味わってもらうということです。そのためには、子どもが将来、自分で人生を選べる立場に立てるよう指導することが必要です。

２つ目は豊かな人間性を育て、社会への貢献を促すことです。子どもは授かりものだからこそ、立派に育て上げ、世の中や人々のために貢献できる人として社会に送り出す

ことが親の役目です。子どもが社会で活躍し、周囲に貢献するためには「人々を笑顔にしたい」「健康を守りたい」「世の中をより良くしたい」といった貢献意欲や社会の一員としての自覚を育むことが重要です。こうした価値観を身につけることで、子どもは豊かな人間性を持ち、社会で求められる存在になっていきます。

時間軸に分けて子育てビジョンを考える

　子ども一人ひとりの個性や将来の姿は異なるため、子育て計画も家庭ごとにまったく異なります。子育てビジョンはまさにわが子だけのオーダーメイドです。

　計画の形式に決まりはありませんが、作りやすいのはビジネスでよく使われるツールや考え方を応用することです。例えば、目標達成シートを活用すると、頭の中の思考が整理され、より明確な将来の計画を立てやすくなります。

　幼少期は、子どもの将来の価値観や生き方に大きな影響を与える重要な時期です。そのため、親としてできる限りの環境を整え、子どもがその可能性を最大限に発揮できるよう支援することが大切です。

　子育てビジョンは、子どもの将来の理想像から逆算し、今やるべきことを明確にするものです。まずは、自分の子どもがどのように活躍してほしいか、その理想像を描いて

みるとよいと思います。

　一例として「将来は医師として活躍し、病で苦しむ人々を救い、社会に貢献してほしい」と願う場合、そこに向けて、どのような子育てビジョンを立てるべきか考えてみます。

　医師になるには医学部進学が必須です。医学部は国公立・私立を問わず難関なので、毎年多くの合格者を輩出している学校に通うほうが可能性は高まります。では、そうした進学校に進むには何が必要か、と考えていくのです。進学校に子どもが進むためには、勉強を好きになり、小学校1年生の頃から学力を着実に育むことが求められます。特に小学校は、子どもが毎日長時間を過ごす環境であり、その影響は非常に大きいといえます。そして、高い学力を育むからこそ、親は心の教育にも力を入れて環境を整えていかなければいけません。

　子育てビジョンを考える際には、以下のように時間軸に分けてみると考えやすいと思います。

・長期計画（7年以上）
　社会人になるまでの23〜30年間を見据えたビジョン

・中期計画（2〜6年）
　小学校、中学校といった区切りに合わせたビジョン

・短期計画（1年以内）
　PDCAサイクルで1年ごとの目標や行動計画を調整するビジョン

まずは30年後の理想像から逆算して、25年後、20年後、15年後と５年ごとに区切りをつけるイメージで進めていきます。それぞれの段階でビジョンを描き、あるべき姿を明確にします。ここで大切なのは、まだ生まれていない赤ちゃんに対して親が勝手にストーリーを作るのではなく、自分の子どもに「こうなってほしいという夢」を書き出していくことです。

　具体的に子育てビジョンを描いていきます。まずは書き慣れたペンとA4サイズの紙を何枚か用意します。ノートやレポート用紙でも構いません。

　まず紙の中央に、30年後の理想像を大きく書きます。そこから線を引いて「そのためにどうすればよいか」を枝葉のように書き出していきます。例えば、人柄や健康面、学力、性格といった具体的な目標を細かく挙げていくとよいでしょう。視覚的に整理することで、子どもの将来像が明確になり、30年後の理想的な子どもの姿が具体的に浮かんできます。

　次に、25年後から15年後までのビジョンを考えます。「大学を卒業して新入社員として働く頃かな」「医学部ならまだ卒業していないかも」といった子どもの将来像をイメージしながら書き出していくと楽しくビジョンを描けると思います。

　さらに10年後、５年後と進めながら、年代が下がるにつれて細かく掘り下げていきます。高校生、中学生、小学生、さらに１歳や６カ月の頃の姿まで想像を広げていきま

す。

　現在に近づくにつれて、理想的な子どもの姿と、それを実現するために親がやるべきことが次々と具体化していくと思います。こうしてビジョンを作ることで、日々の子育てに明確な目標を持つことができます。ただし、時の流れとともに親も子も状況や心情が変わることも往々にしてあります。変化に応じて目標を調整していく柔軟性を持つことも大事です。

子育てビジョンを目標達成シートにして掲示する

　明確になった子育てビジョンをさらに目標達成シートに書き込んで、いつも目に見える形で家庭の中で壁に貼り出すとよいと思います。

　実際に大谷選手は高校時代、自身が寝泊まりしていた寮の二段ベッドの壁に、メジャーリーグで活躍しているスター選手の写真を貼っていたそうです。その写真を毎日見ながら、「自分もこうなる」と心に決め、若き大谷選手は日々努力を重ねていたのです。

　また、大谷選手は身体を大きくするために運動と栄養が不可欠であると考え、高校1年生からそのための生活を徹底していました。食生活を改善し、運動の質を高め、すべての行動を計画的に管理していたのです。友人に外食や遊

びに誘われても応じず、専門家のアドバイスを受けながら、食事管理を徹底しました。かなりストイックといえますが、大谷選手にとっては「メジャーリーガーとして長く活躍する」という目標を実現するための自然な選択だったのだと思います。睡眠時間、食事、運動、生活習慣のすべてを理想の姿に近づくために整えていった結果が、現在の成功を支えているのです。

　私たちが学ぶべきなのは、理想を明確に描き、それに向かう具体的な行動を日々積み重ねることの大切さです。子どもたちに対しても、目標を視覚化し、それを意識しながら努力する習慣を教えることで、将来の成功につなげることができるのです。

有効活用すべきアファメーションとは

　こういう人になってほしいという子育てビジョンを立てたら、次にその目標を達成するための8つの基本方針を立てます。そして、その8つの基本方針を達成するための具体的な行動計画を8個ずつ練っていきます。64の具体的な行動計画を立てたら、その中で今実行すべきものを5～8個選び、それを「アファメーション（自己誓約）」とします。

　このアファメーションを作成・実行するときはいくつか注意が必要です。

一つは現在形かつ肯定文で書くということです。実現していないことであっても、まるで達成しているかのように現在形で書くことを徹底してください。現在形で書くことで、理想とする自分を強く意識し、その状態に近づける心構えができます。

　そもそもアファメーションとは、目標をすでに達成したかのように、肯定的かつ現在形で記述したものを意味します。例えば「赤ちゃんを心配させない」という表現は避け、「赤ちゃんが幸せな気分で過ごしている」と肯定的に書き換える必要があります。潜在意識は否定形を受け入れず、否定的な表現は意図とは逆の結果を招きかねません。

　実際に私も「私は子どものお手本になっている」「私は子どもの話に耳を傾け、笑顔で話している」「私は健康な身体を維持し、家族を支えている」「私は目的的人生を生き、人々に良い影響を与えている」など、子育ての際にポジティブな記述を心がけました。

　また、こうして記述したアファメーションを自室や家庭内の目に見える場所に掲示し、毎朝声に出して読み上げるとより効果的です。朝起きたあとや、仕事や家事を始める前の時間を利用するのが最適です。声に出すことで、自分への意識付けがより強固になります。アファメーションを通じて、行動計画を潜在意識まで落とし込んでいくのです。

　二つ目に注意すべきは、理想像や未来像を視覚化するということです。

社会に出たとき、わが子がどんな大人になっていてほしいか
子育てでいちばん大切なのはわが子の将来を想う親の"ビジョン" 第1章

　自分が目指す理想像や未来像を絵や写真で表現し、それを部屋の壁に掲示します。例えば、家族との笑顔あふれる生活の写真や、子どもが目標に向かって頑張る姿をイメージさせるものなどを飾ります。視覚的に常に目にすることで、声に出すことと同様に目標達成のイメージを潜在意識に落とし込ませることができます。

計画は軌道修正するのが当然

　10年後、20年後の夢だけでなく、1年後、1カ月後といった短期的な目標を設定し、それぞれの段階で達成する喜びを経験することが、子どもの成長につながります。
　子育てビジョンは作成時点での将来予測に基づくものですから、100%計画どおりに進むことはありません。いくら子どもを医師にしたいと思っていたとしても、子ども自身が建築に興味を持ち、「建築士になって日本一高いビルを建てたい」と言い出せば親は応援せざるを得ないと思います。そんな場合は方向転換して、どうすれば建築士になれるかを教えてあげるとよいと思います。「中学校から私立へと計画していたけれど、中学受験の状況をみて小学校から私立に入れよう」と考え直すこともあるでしょう。子育てビジョンは、何度も変わるのが前提であることを忘れてはいけません。
　ただし、どうせ変わるのだからビジョンは作らないとい

25

うのはおすすめしません。目標を達成できれば素晴らしいことですが、仮に最初の目標を達成できなくても、目標に向かって努力した時間は子どもを確実に成長させます。

何か変化があったら、その計画をどんどん書き換え、書き加えていってよいと思います。目標を一つに固定する必要はなく、違うと感じれば修正しながら進んでいけばよいのです。何よりも目標を持ち、努力する過程が大切なのです。

子育て計画の目的は子どもの人生をより充実した幸せなものにすることです。子どもの状況に合わせて、随時、書き換えていくことが重要です。計画は修正して初めて良い計画になるのです。

親の夢を子どもに押しつけない

たまに自分が果たせなかった夢を子どもに託したいと考える親もいます。ただ私はそういった相談を親から受けた際、あまりおすすめしていません。なぜなら、子どもは親の夢をかなえるために生きているわけではないからです。

子どもは子ども自身の人生を生きています。無論「親の夢＝子どもの夢」であれば問題ありません。親子で夢の実現に向けて邁進すればよいと思います。

子どもが親の気持ちを推し量り、希望とは違うのに無理をしていると感じた場合には、「あなたが好きなことを選

んでいいよ」と伝え、子どもの目標を見直すことも親の愛情です。夢や目標を押しつけるのではなく、子どもの幸せを第一に考えながら成長をサポートすることこそが親の役目だと思います。

子どもは親とは別人格

　親はつい「自分の子どもは自分と同じような人間だ」と思いがちです。子どもは確かに親から受け継いだDNAを持ってはいます。しかし、子どもはまったく別の人格を持つ存在であり、子どもそれぞれに自由意志があります。親はそれを尊重する姿勢をとることが大切です。

　子どもの将来を考えるにあたって、大切なのは子どもにどのような人に成長してほしいのかです。どのような道に進んだとしても、結果的に子どもが自分の人生を楽しみ、有意義に生きてくれることが、親にとって最大の幸せです。親が自分の夢を子どもに押しつけると、「僕の人生はお母さんのものじゃない」といった反発を招き、親子関係が悪化してしまう恐れがあります。親は子育てについての自分の目標や考え方を柔軟に見直す姿勢を持つ必要があるのです。

子どもに与えるべきは「選べる立場」

　選べる立場と選べない立場があるとしたら、子どもには選べる立場を与えたいと思います。学生時代であれば、それは学力です。学力があれば、ある程度どんな大学のどんな学部でも自由に選べますが、そうでない場合、選択肢はぐっと限られたものになってしまいます。

　子どもの夢や希望を応援するのが親の役割です。そのためには、高校３年生までに「選べる自分」に育ててあげてください。誰でも地道な努力なくして高い目標は達成できません。勉強も同じです。例えば、毎朝早く起きて30分の学習を続けるとします。算数プリントを２枚、読解プリントを１枚やると、１年間で約1100枚、６年間で6600枚になります。その積み重ねが大きな差を生むのです。

　子育て次第で子どもの人生は良くも悪くも大きく変わっていきます。親が学力や人間力を養う手助けをし、子どもの可能性を伸ばすことで、子どもが大学や職業を選ぶ際の選択肢を広げることができます。どの道でも「選べる立場」に立てるようになれば、子どもが自分で選んだ道で夢をかなえることができる可能性が広がるということです。

　選んだ人生で確かな人生を築き、社会に貢献していくことが子ども自身の幸せにもつながります。結果として、高い収入や精神的安定をも期待でき、ゆとりある人生を歩む可能性も広がります。

　子どもがそんな人生を歩み、幸せをつかむ姿を見ること

は、親にとって最大の喜びですし、その幸せは家族全体にも広がります。親としては、こうした幸せを目指すことが、子育ての大きな目標となるのではないかと私は考えています。

子ども「大きくなったら、旅客機のパイロットになりたい！」

親「パイロット、かっこいいよね。どうしたらなれるか知ってる？」

子ども「ううん、知らない……」

親「じゃあ教えてあげるね。まず、大学に行ってから、航空大学校に進むといいんだって。そのあと、難しい試験を受けて合格しないといけない。さらに航空会社に入って社内試験に合格して初めてパイロットになれるんだよ」

　こうした会話を通じて、子どもに目標を具体的に伝えることで、将来像がよりリアルになります。また、目標を達成するための条件を話し合うことで、すべきことも明確になります。

親「それに、パイロットは頭がいいだけじゃなくて、健康も大事なんだ。健康に何か問題があるとすぐにパイロットの仕事ができなくなっちゃうんだよ」

子ども「そうなんだ」

親「だから運動をしたり、バランスのいい食事をとったり

することが必要なんだ。お父さんと一緒に走ったり、好き嫌いせずにたくさん食べたりするようにしてみようか？」
「それにパイロットは管制官と全部英語で話すんだ。だから英語も大切なんだよ」
子ども「うん、分かった！」

　こうして目標と手段を結びつけると、子どもも前向きに取り組むようになります。幼稚園児であっても、週に一度の英語教室や運動を楽しんで続けられるようになるのです。

　逆に、ただ「英語をやらないと将来困るよ」「お父さんが英語で苦労したから、君には早く始めてほしい」などと一方的に伝えるだけでは、子どもはなかなか前向きになりません。目標と理由を結びつけ、子どもの興味を引き出すことが重要なのです。
　その夢がどんな夢であっても、その子自身が選び、努力して成し遂げられる環境を整えることが親の役割です。夢の実現には、目標を共有し、その達成に向けて支える姿勢と柔軟に目標の調整をできることが大切だと思います。

どんなに忙しくても子育ては絶対成功できる

　親はどのようにあるべきか、子育てはどうすればよいの

かを、私たちは学校や社会で体系的に学ぶ機会をほとんど持っていません。そのため、多くの親は自分が親から受けた教育やしつけを無意識のうちにそのまま子どもに行っていることがあります。これは人類の歴史の中で脈々と受け継がれてきた自然なことで悪いことではありません。しかし、子育てで良くなかったところまで受け継がれるのは好ましいとはいえません。

　私が本書に記したすべてを忠実に実行する必要はありません。たくさんの智慧の中から試してみたいと思うことだけを取り入れてみてください。そして、少しでも子どもに良い変化が見られたら、「効果があった。じゃあ次はこれを試してみよう」と考え、少しずつ親としての学びを深めていっていただければと思います。親もまた子どもと一緒に親として成長していくものです。

　人は世の中をより良くする使命を持って生まれてきた、と私は考えています。親が学び、成長することで子どももまたその影響を受けます。その結果、次の世代も進歩し、発展していくのです。親が学び続けることで、子育ては世代を超えて進化し続けます。わが子の幸せを願って、より良い子育てをすること。それが子どもの可能性を伸ばし、将来を拓きます。大げさにいえば、人類全体の未来を明るい方向へと導く大きな一歩になると考えています。

　昨今は共働きで子どもとじっくり向き合う時間がとれない家庭も多いと思います。しかし、時間をやりくりして、

１日30分だけでも子どもと過ごす時間をつくり、本書に書いてある子育ての智慧を実行してみてください。それだけで、子育てを成功させることができます。

例えば、朝30分早く子どもを起こして一緒に勉強する。寝る前の30分に本を読み聞かせる。または食事をしながらたくさん会話をする……そういった工夫で子どもの頭と心を成長させることができるのです。

育休が終わり、職場復帰して保育園に預ける家庭も少なくないと思います。しかし、保育園にいる間は親が教えたり聞いたりすることができませんが、登園する朝や迎えに行く時間に子どもとたっぷり話してみてください。また、休みの日には疲れていても、子どもと向き合う時間を充実させるよう心がけましょう。

子どもの成長は０〜６歳の間に親がどのように関わるかで大きく変わります。忙しい毎日だからこそ、子どもとの密度の濃い時間を意識して過ごしてみてください。そうすれば仕事と子育ての両立が可能になります。

ここまでの子育ての前提を把握し、「子育ての智慧」を実践していけば、あなたの子育ては絶対に成功すると思います。

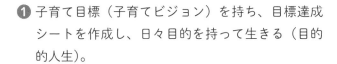

第1章のまとめ

❶ 子育て目標（子育てビジョン）を持ち、目標達成シートを作成し、日々目的を持って生きる（目的的人生）。

❷ 目標達成のための行動計画をアファメーションとして、毎日読み上げ、毎日行動し、行動習慣まで高める。

❸ さまざまな工夫をしながら親自身も子育てを楽しみ、「子育て絶対成功」の信念を持って生きる。

❹ 子育ての智慧をすぐに全部実行しようとせず、できそうなところから実行する。それで効果があれば、少しずつ実行する智慧を増やす。

❺ 子どもと接する時間が短い親は「密度の濃い親子の時間」を過ごす。

第 **2** 章

子どもを授かった瞬間から
子育ては始まる
妊娠中の子育ての智慧

「授かって嬉しい」を おなかの子に伝える

　妊娠が分かったとき、多くの人が「嬉しい！」と感じたと思います。まず大切にしてほしいのはその「子どもを授かった喜び」をおなかの赤ちゃんにも伝えることです。

　子育ては妊娠が分かった瞬間から始まります。おなかの赤ちゃんはまだ小さな存在ですが、約10カ月の間に大きく成長し、やがてこの世界に生まれてきます。そして妊娠初期、特に3カ月から5カ月半の間は、胎児が外界からの影響を受けやすい重要な期間です。

　その意味では、赤ちゃんが約10カ月、お母さんのおなかの中にいる期間は、生まれてくるまでの予行練習、予習の期間だといえます。お母さんのおなかの中で過ごす時間は、赤ちゃんが生まれる準備を整えるために必要なものなのです。

　赤ちゃんはお母さんの声を覚え、聞くことで安心感を得るといわれています。言葉の意味は分からなくても、優しい声の響きや話すリズムを感じ取るのです。胎内で親の声を聞いた赤ちゃんは、生まれてからもその声に反応しやすくなると思います。だからこそ「あなたを授かって嬉しいよ」と毎日声に出して伝えてほしいと思います。

　人は、尊重されることで愛情を感じるものですが、おなかの中にいる胎児も例外ではありません。「あなたを授かって嬉しい」という気持ちを言葉にして、おなかの赤ちゃんに声をかけ、愛情を注ぐことは、親子の絆を深める

第一歩となると思います。

「あなたに会えるのを楽しみにしているよ」「しっかり育ってね」「ただいま、今日も頑張ったよ」など、日常的におなかに手を当てて話しかけてみてください。おなかの赤ちゃんは言葉の意味はまだ理解できないかもしれませんが、親の愛情や思いはきっと伝わります。

おなかの中にいる段階では何も特別な教育をする必要はありませんが、心が穏やかになるような音楽をかけたり、歌を歌ったり、お父さんやお母さんの肉声で話しかけることで、赤ちゃんはその愛情を全身で感じ取り、健やかな成長に結びつきます。植物にモーツァルトを聴かせると良い影響があるという話もあるように、体験的に語られていることではありますが、安心感を持てる何かを実行することが、子どもにとってもお母さんにとっても良いことであるのは確かです。

お父さんやお母さんも愛情を込めて話しかけたり、接したりすることで、親になる心の準備を整えることができるという効果もあります。

妊娠中はできるだけ心穏やかに

　妊娠中で最も大切なのは、お母さんの健康です。妊娠を知ってから安定期までは、規則正しい生活を心がけながら、できる限り穏やかな心で過ごすよう努めてほしいと思います。おなかの中の赤ちゃんは、お母さんとすべてを共有しているため、お母さんの言葉や感情が赤ちゃんにも影響を与えるのです。

　妊娠中は、お母さんが深い悲しみやショックを受けることはできる限り避けるべきです。なぜなら、不幸な出来事やストレスフルな状況もまた、胎児に影響を及ぼす可能性があるからです。日常生活ではできるだけポジティブな気持ちになれる環境を整えることが重要です。特に夫婦ゲンカは赤ちゃんに悪影響を与える可能性があるため、意識的にでも避けたいところです。夫婦で言い争っているときに、まるで「ケンカしないで」と言うかのようにおなかの赤ちゃんが蹴ったという体験を話してくれた親もいました。

　そのため、妊娠中は赤ちゃんに幸せな未来を感じさせるひとときを意識的につくりましょう。仕事や日常生活で忙しくイライラしてしまうことがあっても、1日に10分程度は、静かに過ごす時間を設けて赤ちゃんにポジティブな気持ちを伝えましょう。仕事中はおなかの中の赤ちゃんになかなか話しかけられないと思いますが、おなかに手を当て、心の中で思うだけでも親の思いは子どもに伝播するはずです。

智慧 03
聞かせたくない話はしない

　おなかの中にいる赤ちゃんに対して、童話や昔話を読み聞かせるのはとても良いことです。まだ言葉を話せない赤ちゃんに対しても、きちんと自分の言葉で語りかければ、赤ちゃんに言葉の響きや母親の気持ちが伝わっているはずです。

　読み聞かせは単なる言葉の伝達以上の意味があります。毎日少しずつ童話や昔話を読んであげながら、母親の愛情を言葉に乗せて伝え、赤ちゃんと対話する気持ちを持つことが大切です。

　赤ちゃんは、まだ言葉を話せないし、読み聞かせをしても理解できないのではという意見もありますが、胎教とは、生まれる前の赤ちゃんに対して、まるで生まれているかのように接することだと私は思います。

　お母さんが笑顔で話すことで、赤ちゃんも安心感を覚えます。明るい声のトーンを意識して、楽しい雰囲気をつくることが大切です。おなかを優しくなでながら話せば、赤ちゃんとのつながりが深まり、親子の信頼関係も生まれていきます。愛情を込めた言葉を届けること、それが赤ちゃんへの最初の贈り物となるのです。

　多くの人は赤ちゃんが生まれてから言葉をかけ始めますが、おなかの中にいるうちから始めたほうが、スタートが早く有利です。「まだ見えない」「まだ聞こえていない」と考えるのではなく、心は必ず伝わるという気持ちで接して

みてください。

　おなかの中にいるときから赤ちゃんを一人の人格として尊重し、愛情を込めて語りかけることは、子育てを成功させるための大切なステップです。

　赤ちゃんに話しかけるときは、利き手をおなかにあて、お母さんのぬくもりを伝えるつもりでおなかの中の赤ちゃんと対話してみてください。例えば、「今日はお母さんが好きな〇〇の曲を一緒に聴こうね」と話しかけながら音楽を聴かせるのも素敵です。もちろん赤ちゃんから返事はないかもしれませんが、こうした対話を続けていくことで、生まれたあとに「この曲、おなかの中で聴いたことがあるな」と感じるかもしれません。生まれたばかりの赤ちゃんは目がまだよく見えないといわれていますが、耳が正常であれば人の声を認識できるといわれています。

　お父さんが抱っこして声をかけたとき、赤ちゃんがニコニコと笑顔を見せるのは、おなかの中にいる間に根気よく話しかけていた結果として、その声を覚えていたからかもしれません。特にお父さんの場合、おなかを痛める経験がない分、生まれた瞬間には赤ちゃんとのつながりを実感しにくいこともあると思います。しかし、赤ちゃんがまだおなかの中にいる間から話しかけていると、家族の絆が自然と深まっていきます。

　また、赤ちゃんには怖い話や嫌な話を聞かせるのではなく、心温まるような話を届けてほしいと思います。犯罪や事故などの暗い話題はおなかの赤ちゃんにも聞かせないよ

うにすることが重要です。

例えば、「子どもを授かった親としてどう感じているか」「どんな家庭を築きたいか」「どんな子に育ってほしいか」などを心の内で考えながら、おなかの赤ちゃんに話しかけてみてください。話題は美しいこと、素晴らしいこと、幸せなことが好ましいです。

さらに、「こうしなければならない」「こんな子にならなければ困る」といった「ねばならぬ」の言葉にも注意が必要です。これらの言葉は、赤ちゃんにもお母さんにもプレッシャーになってしまいます。これからの未来に期待し、成長を楽しみにする親の気持ちは理解できますが、赤ちゃんやお母さんが結果的に負担に感じるようでは意味がありません。赤ちゃんが「早く生まれたいな」「外の世界を見るのが楽しみだな」と思うような、ポジティブな内容だけを伝えることが大事です。

赤ちゃんは親の愛情を感じ取ることで、その愛情を通して健やかに育っていきます。おなかの中にいる段階から親子の絆を育むことが、未来の子育ての土台となります。これが子育て成功の第一歩です。

子どもは
天から預かったもの

　人間こそがこの世界で最も優れた存在だと考える価値観が存在します。しかし、そう思い込んでいると、人はおごり高ぶりやすくなります。神や仏が本当にいるとは証明されていません。しかし、現代の科学が世の中のすべてを解明しているわけではありません。私たちの知識を超えた出来事が数多く存在するのも事実です。人智を超えた存在を意識することで、私たちは謙虚さを持って誠実に生きることができるのです。

　例えば、日本では財布を落としても中身がそのまま交番に届けられ、持ち主に返ってくることが珍しくありません。こうした行動は、「誰も見ていなくても、お天道様が見ている」「お天道様に恥ずかしくない行動をとろう」という日本古来の価値観を多くの人が共有していることからくるものです。人が見ていなくても善行を行う美徳、親として、このような価値観を子どもに伝えることは、次世代を育てるうえで大切だと感じます。

　子どもは親の所有物ではなく、独立した一つの命なのです。だからこそ親は支配者ではなく、導く存在であるべきです。子どもの意志を尊重しながら、成長を見守ることが大切です。親の価値観を押しつけるのでなく、子ども自身が考え選ぶ力を養う、そんな関わり方が子どもを授かった親には求められます。

子どもを授かった瞬間から子育ては始まる
妊娠中の子育ての智慧　第 2 章

　日本には「子どもは親だけのものではなく、天からの預かりものだ」という考え方があります。子どもが生まれてきたことに感謝し、人智を超えたものに（それぞれの宗教や価値観に基づいて）謙虚に感謝することは、子育てにおいてとても大切なことだと思います。

　私自身、娘が生まれたとき、「この子をあなた方夫婦に預けます。どうぞよろしく」と天から託されたような気持ちになりました。もちろん、実際に契約を交わしたわけではありませんが、この子を立派な社会人に育て、世の中に役立つ存在として送り出さなければという使命を受け取ったように感じました。

　子どもをどのように育てるかは親の勝手といえばそのとおりです。しかし、天からの預かりものだからこそ大切に、良い子に育てたい、周囲からの尊敬と信頼を受け、社会で自分の役割を果たせるような人生を歩んでほしいと願うのが親の愛情だと思います。

　人智を超えた存在を意識し、謙虚な心を育むことも親としての大切な務めだと思います。

43

生まれてきた赤ちゃんに
たくさん話しかける

　赤ちゃんは生後数カ月の間、自分で座ることもできず、抱っこやおんぶをしてもらわなければ寝ているだけの状態です。たとえ寝返りを打てるようになっても、その視界は限られています。赤ちゃんが退屈しないように、音楽を聴かせたり、枕元にぬいぐるみを置いてあげたりするのも良い方法です。しかし、それだけでは赤ちゃんの心を十分に満たせないかもしれません。

　赤ちゃんが本当に望んでいるのは、自分を産んでくれたお母さん、誕生を心待ちにしてくれたお父さんとの「ふれあい」です。つまり、赤ちゃんが求めているのは親からの愛情を感じられるつながりなのです。

　赤ちゃんが泣いたときも、ただあやすだけではなく、「どうしたの？おなかがすいたのかな？」などと話しかけ、赤ちゃんの気持ちを受け止める姿勢を見せてほしいと思います。親の声を聞くことで、赤ちゃんは安心し、心が落ち着き、親子の絆も深まります。日々の生活の中で、積極的に赤ちゃんと対話をしてください。

　赤ちゃんはまだ言葉を話せません。「お母さん、産んでくれてありがとう」と感謝を伝えることも、「これからいろいろなことを教えてほしい」と頼むことも自分一人ではできません。だからこそ、親が積極的に赤ちゃんの気持ちに働きかけることが大切です。赤ちゃんを抱っこし、目を見てたくさん話しかけてあげてください。お父さんやお母

さんからの肉声による語りかけは、赤ちゃんにとって最大の喜びです。赤ちゃんが本当に幸せを感じるのは、自分を心から愛している家族の言葉や行動による愛情表現なのです。

　赤ちゃんは周りの人の言葉を聞くことで、言葉を覚えていきます。赤ちゃんが言葉を覚える速さは、生まれつきの能力だけで決まるものではありません。周囲の大人たちがどれだけ話しかけるかによっても大きく変わります。幼児語で話していれば幼児語を覚えますし、丁寧な言葉遣いをしていれば、丁寧な言葉を覚えます。

　赤ちゃんにとって、両親が話しかけ、さまざまなことを教えてくれるのは、とても嬉しいことです。例えば、「これからお散歩に行くよ。お外は気持ち良いね」と話しかけることで、赤ちゃんは親からの愛情を感じるとともにその言葉を覚えていきます。

　周りの人が英語だけを話していれば、日本人の赤ちゃんでも最初に話し始める言葉は英語になります。それほど、赤ちゃんにとって言葉の環境は大きな影響を与えます。だからこそ、赤ちゃんを抱っこし、目を見て、たくさん話しかけることが大切です。話す内容に特別な決まりはありませんが、勉強への興味や人としての成長につながるような話題を選んでみるのも良い方法です。

智慧 06
先天的な向上心を後押しする

　すべての赤ちゃんは生まれつき向上心を持っています。教育は大切ですが、多くの赤ちゃんが特に教えなくても、寝返り、お座り、ハイハイ、つかまり立ち、歩行、会話などができるようになるのは、先天的な向上心を持っているからにほかなりません。赤ちゃんは自然に努力し、新しいことを身につけていく力を持っているのです。

　だからこそ、どんなことでも赤ちゃんが初めてできるようになれば、当たり前だと思わず、笑顔で「すごいね」と喜びを伝えるよう意識してほしいと思います。赤ちゃん自身の努力に気づき、喜びを共有することで、ポジティブに頑張る力を伸ばしてあげることができます。

　もしも「この子は育つのが遅いのでは」と気になるときは、心配するよりも「いい子だね、かわいいね」と優しい言葉をかけながら成長を見守ることが大切です。赤ちゃん自身の向上心と努力を認め、応援することが、自然な成長をさらに促します。

　注意してほしいのは、赤ちゃんに「早く座れるようにならないとダメ」というような言い方をしないことです。「〇〇ができるようになるといいね。とっても楽しいよ。お母さん、お父さんも応援するね」といった、プラスの表現（肯定文）で話しかけてあげてください。

最初に教えるのは「安全・危険」

「かわいい、かわいい」だけでは、良い子には育ちません。時には厳しく教え、しつけることが、本当の親の愛情だといえます。

特にやってはいけないことについては、できるだけ早いうちにしっかり教える必要があります。例えば、乳幼児が、電気のコンセントで遊んでいるとき、そのまま放っておけば感電して命を落とすかもしれません。置き忘れた包丁を触ろうとしているときに、親が何もしなければ、ひどい怪我をしてしまうかもしれません。

しかし、まだ小さい子どもに対して「危ないからやめなさい」と言っても、なかなか伝わりません。子どもの手をパッとたたいてでも「危ないことは絶対に許さないよ」と注意しなければなりません。厳しい方法ですが、命に関わるような緊急事態では、強い態度で「絶対に触ってはいけない」と教える必要があります。

不幸な事故の多くは親がほんの一瞬目を離した隙に発生しています。だから子どもに最初に教えるべきことは「安全」と「危険」の区別です。

「まだ1歳だから分からない」「2歳だから厳しくするのはかわいそう」などと妥協してしまうと、いざというときに大きな事故やけがにつながるかもしれません。愛するわが子のかけがえのない命を守るために、親としてここだけは絶対に妥協してはいけないと思います。

幼児語は使わない

　赤ちゃんは「わけの分からない存在」ではありません。一人の人格として尊重し、話しかければ分かる存在です。ただ、自分でしゃべれず、返事ができないだけで、身体が小さく、知識が少ないだけの、一人の人間なのです。

　赤ちゃんに話しかける際、大人に話すような難しい言葉ではなく、彼ら彼女らに伝わるように分かりやすく正しい日本語で伝えることが大切です。

　だからといって「ブーブーが来たよ」「ワンワンがいるね」といった幼児語を親のほうが使ってはいけません。赤ちゃんが言葉を発するのが遅いと心配する親に限って、こうした幼児語を使っていることが多いからです。赤ちゃんは、日々聞こえてくる音を通じて言葉を学んでいます。正しい言葉を繰り返し聞くことが、赤ちゃんの成長を促します。

　新しい言葉を覚えたら、しっかり褒めてあげましょう。例えば、赤ちゃんが初めて「いぬ」と言ったときは、「すごいね！　よく言えたね！」と満面の笑みで褒めることが大切です。正しい言葉遣いができたら大げさなくらいに喜ぶことで、赤ちゃんは自信を持ち、さらに言葉を覚えようとします。もし覚えた言葉の使い方が間違っていても、否定せず、笑顔で優しく正しい使い方を教えてあげることが大切です。

　また、私は短い単語だけで会話してしまっているお父さ

んをよく見かけます。しかし、単語だけでコミュニケーションしている状態では、正しい日本語が身につきにくくなります。親が何気なく使っている言葉は、子どもに大きな影響を与えます。知らず知らずのうちに子どもがそれをまねてしまうのです。

　私たちが普段話している言葉は、正しい語順や表現を変えてしまっています。もちろん、大人同士や仲の良い友人同士であればそれでも通じてしまうのは私も承知しています。それでも子どもの前では、できる限りお手本となるような会話をすることが大切です。

　私は言葉を学ぶための有効な手段の一つとして読み聞かせをすすめています。良い童話は正しい日本語で書かれており、子どもが言葉を学ぶ優れた教材になるからです。

　０歳の赤ちゃんが内容をどこまで理解しているかは分かりませんが、親の話を一生懸命に聞き、理解しようとしているのではないでしょうか。話しかけることは、赤ちゃんに言葉を教えるだけでなく、親の愛情を伝える大切な手段でもあります。

　乳幼児期にたくさん話しかけ、たくさん説明することで、赤ちゃんは言葉を覚える力を身につけるだけでなく、親子の絆も深まっていきます。

正しい価値基準を身につけさせる

　どんな人間も必ず赤ちゃんからスタートします。赤ちゃんは食事を与え、健康にしていれば、放っておいても背は伸び、成長します。しかし「心の持ちよう」や「人として大切なこと」は親や周囲の大人たちがしっかり教えてあげないと身につきません。

　安全・危険の次に子育てで教えるべきは「善悪の区別」です。世の中には、やっていいこととやってはいけないことがあります。それを子どもの心のレベルに合わせて教えていきます。そのあとに教えるべきなのは自分を慈しみ大切に育ててくれている両親、祖父母をはじめとした周囲の人々に対する「感謝の心」です。

　正しい価値観を身につけさせるには、日々の生活の中で根気よく繰り返し伝え続けなければいけません。挨拶の習慣や約束を守ることの大切さといった小さなことでも意識して接してあげてください。

　善悪の判断力を養うために大切なのは、理由を添えて教えることにあります。「ダメ」と言うだけでは伝わらず、なぜそれが良くないのかを説明する。子ども自身が納得しながら学ぶことで理解が深まり、価値観がしっかりと定着していきます。

「子どもにも自由な意志があるのだから、子どもの自主性を何よりも尊重すべきだ」という意見もあります。もちろん私も子どもの自主性は尊重すべきだと思います。しか

し、それには順序があります。善悪の区別や、感謝の気持ち、礼法など「人生の基本」を身につけるのが先です。善悪も分からない子どもの自主性を尊重することは、自分勝手なただの「わがまま」を尊重することと同じだからです。そういった育児態度で育てられた子どもは、残念ながら周囲を顧みず、自分さえ良ければ良いという迷惑な人間に育ってしまうかもしれません。

　自主性尊重という名の育児放棄（しつけ放棄）は子どもをとんでもない悪人にしてしまうかもしれません。大切な子どもがそうならないよう、親や周囲の大人たちは、子どもが０〜６歳のうちに責任をもって以下のような人として当たり前の価値基準を教えてあげてください。

【　０〜６歳までに教えたい人としての価値基準　】

・善悪（正邪）の区別
・感謝の心
・思いやりの心
・正直で素直で謙虚な心
・礼儀作法（礼法）
・自立と自律
・人生の意義と目標

子どもが最初に学ぶべきことの一つが「善悪の区別」です。これを教えないままで育てると、「悪いことをしてもバレなければいい」「目撃者がいなければ何をしても構わない」といった誤った価値観を持つ危険があります。善悪を教えずに、学力や知識だけを優先してしまうと、違法行為や人として恥ずべき行いを平然と行うようになる可能性もあります。

　善悪の区別は、子どもが社会で信頼される大人になるために欠かせない基礎です。幼少期、特に０〜６歳の間は、人としての優しさや思いやりを伝える最も重要な時期です。この時期に、「良いこと」と「悪いこと」の違いを具体的に教えることが、子どもの人間性を育む基盤となります。

　今も昔も世の中には、人にバレなければいいとばかりに悪いことをする人はあとを絶ちません。しかし、私たち日本人は昔から「お天道様が見ている」という言葉で、他人が見ていなくても善悪の判断を大切にすることを教えられてきました。また、悪いことをすれば直接仕返しされなくとも、巡り巡って自分に返ってくるという考え方（因果応報）もあります。こうした教えは、親から子どもへ自然と伝えられてきたものです。親がこれらの価値観を子どもに伝えることで、他者を思いやる心や自分の行動に責任を持つ大切さを育てることができます。

　幼い頃から人としての価値基準を教えるために良い方法として、抽象的な話ではなく、具体的な「お話」で教える

方法があります。

　例えば、昔話の「かちかち山」に登場するタヌキとおじいさん・おばあさんを例に、「タヌキは悪い行いをしたから悪い動物だね。逆に、おじいさんやおばあさんは良い人だね」と教えることで、善と悪の違いが伝わります。当然のことですが、「善の立場に立つ人が素晴らしい存在であり、価値がある」という考えを繰り返し話すことも大切です。

　子どもの世界は社会の縮図であり、なかには友達をいじめる子どもや、相手の悲しむ様子を見てあざ笑う子どももいます。だからといってわが子をそんな人間にしたい親はいないはずです。わが子をそういった子にさせないためにも、子どもが友達に意地悪をしたときには、「もし自分が同じことをされたらどう感じる？」と問いかけてみましょう。そして、「自分がされて嫌なことは、相手にもしてはいけないね」「自分が幸せでいたいなら、ほかの人にも幸せでいてもらおう」と繰り返し話します。こうした会話を通じて、思いやりや相手を大切にする心を伝えることができます。

智慧 10 できるだけ同じ部屋で過ごす

　アメリカでは自立心を育むためという考えから、生後すぐに赤ちゃんを別室で寝かせる文化がありますが、日本ではそれはそぐわないと私は考えています。

　赤ちゃんを一人で放っておかず、家族と一緒に過ごす時間を大切にしてほしいと思います。赤ちゃんが心穏やかに成長できる環境をつくるために、モーツァルトやシューベルトといったクラシック音楽をBGMとして静かに流すのも良いと思います。このように日本では、家族と一緒に生活することで安心感を与える子育てが一般的です。

　赤ちゃんを家族の話の輪に加える際、注意点もあります。赤ちゃんの前では残酷な話や不幸な話題を避けるべきです。また、戦闘シーンや暴力的な内容の映画やドラマも見ないように注意してください。これらを楽しむ場合は、赤ちゃんを別の場所に移動させるなどの配慮は親として欠かせません。「どうせ分からないだろう」と思っていても、こうした影響は少なからず子どもの中で悪い経験として積み重なっていくものなのです。

　赤ちゃんは夫婦の寝室で一緒に寝かせるのがおすすめです。赤ちゃんを子ども部屋に一人で寝かせ、カメラやマイクでモニターする方法は避けてほしいです。なぜなら赤ちゃんが家族から離されていると感じ、愛情を十分に受けられていないように思うこともあり得るからです。

子どもを授かった瞬間から子育ては始まる
妊娠中の子育ての智慧　第2章

　夜泣きは赤ちゃんにとって自然なことです。そのため、何度も目が覚めて夫婦ともに安眠できず大変な思いをすることもあると思います。それでも、赤ちゃんの健やかな成長のためには、同じ部屋で寝ることが大切です。隣で寝ていれば、赤ちゃんが万が一、体調を崩したときもすぐに気づいて対応できます。夜泣きの原因がオムツや空腹ではなく、特に具合が悪いわけでもない場合、大人と同じように怖い夢を見たのかもしれません。そんなときは、赤ちゃんを抱っこして優しく語りかけ、子守唄や心が落ち着く歌を歌ってあげてください。両親の温もりや声を感じることで、赤ちゃんは安心し、数分もすれば穏やかな表情で再び眠りにつくはずです。

　赤ちゃんの様子が普段と違い、何かおかしいと感じたら、何かしら原因があるはずです。しかし、赤ちゃんは言葉で伝えることができません。抱っこしながら、赤ちゃんの気持ちに寄り添い、何を求めているのかを感じ取る姿勢が大切です。親子のつながりによって「なんとなく分かる」ということもあります。そのためにも、赤ちゃんに向けて心のアンテナを張り、寄り添うことが大切です。

55

智慧 11

前向き抱っこで素晴らしい世界を見せよう

　母親から受け継いだ免疫が切れる生後4〜5カ月の頃は、赤ちゃんの健康を特に配慮すべき時期です。この時期にわざわざ雑踏に連れ出し、風邪をひかせてしまうようなことは避けなければいけません。

　ただし、赤ちゃんの健康状態が安定し、首がすわってからは、積極的に外出して広い世界を見せてあげてほしいと思います。買い物や散歩に連れ出すことで、赤ちゃんが家の中とは異なる環境に触れる機会を増やせます。外の世界には、色や光、音、空気、においなど、赤ちゃんの五感を刺激するさまざまな情報があふれています。これらの新しい体験が赤ちゃんの発達を促します。

　家から外に出るときは、赤ちゃんにも行き先や目的を話しかけながら一緒に世界を共有してあげるとよいと思います。親の中には「赤ちゃんに説明したり、いろいろ見せたりしても覚えていないから意味がない」という意見もありますが、物心がついた子どもに接するように、内容を説明し、話しかけることで、コミュニケーションの基礎を築くことができると私は考えています。たとえその経験が成人する頃には具体的に思い出せなくなっていたとしても、記憶の深い部分には刻まれているものです。その「見えない記憶の蓄積」が、のちの人間力を育む一助になるのです。

　外出の効果を最大限にするために、抱っこの際には赤ちゃんを前向きにし、自分と同じ目線で外界を見せてあげ

子どもを授かった瞬間から子育ては始まる
妊娠中の子育ての智慧　第 2 章

てください。ベビーカーで出かけるときは、赤ちゃんを進行方向に向けるようにしてあげると、視界に変化が多くなるため、対面式よりも外の風景や人の動きなどに触れる機会が増えます。おんぶを活用するのも効果的です。母親の背中越しに見る世の中は、赤ちゃんにとってほかにない体験となります。

　夫婦と赤ちゃんでの旅行もおすすめです。赤ちゃんを連れての旅行は確かに手間がかかります。オムツ、ミルク、着替え、折りたたみ式ベビーカーなど、準備するものは多岐にわたります。特に海外旅行では、赤ちゃんのパスポートや現地での医療機関リストの準備も必要です。それでも、苦労を超えて赤ちゃんに多くの経験をさせることは、大きな価値があるのです。さまざまな場所に連れて行き、素晴らしい景色や本物の美しいものを見せてあげることが、知らず知らずのうちに子どもの成長を促す一助となっていくのです。

　赤ちゃんを祖父母に預けて夫婦だけで旅行に行くという選択もありますが、赤ちゃん自身が非日常の経験を楽しむことを考えると、できるだけ一緒に連れて行ってあげてほしいと思います。赤ちゃんの頃から多くの体験をさせ、たくさんの愛情を込めて接することは、その子どもの未来に大きな影響を与えます。そのように育ててもらった子どもは、幸せに成長するに違いありません。

57

智慧 12 褒め合う家庭が赤ちゃんを幸せにする

　子どもは両親のどちらも大好きです。両親が笑顔で仲良く暮らしている家庭環境こそが、赤ちゃんにとっていちばんの幸せです。子どもが親を信頼し、安心して過ごせる家庭環境を守るためにも、日頃から穏やかな会話を心がけることが大切です。

　たとえ赤ちゃんに優しく接していても、親同士が言い争いをしているようでは、子どもは不安を感じてしまいます。夫婦がお互いを否定したり、悪口を言い合ったりすることは避けるべきです。そうした場面を目の当たりにした子どもは、「うちの両親は信頼できない」と感じ、尊敬の気持ちを失ってしまうかもしれません。親への尊敬が失われると、子どもは親の言葉に耳を傾けなくなり、成長にも悪影響を及ぼします。もしどうしても言い争いが避けられない場合は、赤ちゃんがいない場所で、または寝かしつけたあとに行ってほしいと思います。

　また、直接的に言わなくても、愚痴や不満を口にすれば、それは子どもに伝わります。例えばお母さんが頻繁にお父さんの不満を子どもに話していれば、子どもはお母さんの味方になり、お父さんを否定的にとらえるようになるかもしれません。そうなると父親のアドバイスを受け入れなくなります。

「子どもは親の言うようにではなく、するように育つ」と

いわれるように、子どもは親の振る舞いから多くを学びます。親が互いを否定し合ったり、悪口を言い合ったりしている家庭では、子どもも同じようにアラ探しをする性格に育ちます。他人の良い面を見ることができないために周囲から信頼を得られないような人間になってしまうかもしれません。

　逆に、親が互いを尊重し、良い点を褒め合う家庭では、子どもは安心感を持ち、健やかに成長します。夫婦でお互いを尊重し、良いところを見つけて褒め合う姿勢を家庭内で示すことが、子どもが安心して素直に育つための土台となるのです。

　子どもには「人には必ず良いところがある」と教えることが大事です。この方針で育てると、子どもの人生観が大きく変わります。誰しも、周囲の人から好かれ、幸せな人生を送りたいと願っています。そのために、親としてどのように育てるべきかを考えたとき、実は答えはとてもシンプルです。人の欠点や弱点を指摘するのではなく、まず親自身が相手の良いところを見つけて認める。その姿勢を通じて、子どもも自然に学ぶようになります。

智慧 13 自立心は 0歳から育む

　早期教育はできるだけ早くから始めたほうがいいと考え、生活習慣が身につかないうちから、いろいろ勉強を教えようとする親がいます。しかし、赤ちゃんや幼児には生活すべてが学びの連続です。先にきちんとした生活習慣を身につけることに集中し、素直で自分から学びたいと考える賢い子に育てるベースを作ってから、勉強を教えるほうが効率も良いと思います。

　自分のことを自分でできる習慣がなければ、いずれ困るのは子ども自身です。

　親がなんでもやってあげていると、やってもらうのが当たり前になり、自分で行動する意識が育ちません。だからこそ、0歳から「自分でできる」意識を育むことが重要です。

「やってみせ、言って聞かせて、させてみせ、褒めてやらねば、人は動かじ」という名言があります。これは旧日本海軍の山本五十六司令長官が残した言葉ですが、現在にも通じる教訓だと私は思います。

　人に教える際には、実際にやってみせ、説明し、そのあとに本人にやらせ、出来不出来にかかわらず大いに褒める、というのは子育てでもとても大切です。例えば、靴の履き方を教える場合、1週間から10日かけてじっくり取り組む。最初は手伝いながらやってみせ、次に自分でやら

せ、少しずつコツを覚えさせていきます。そして、自分で履けたときには、しっかり褒めてあげることが大切です。「自分でできた」という達成感が子どもの自立を促します。なんでもやってあげることだけが愛情ではありません。子どもが挑戦していく姿を見守りながら、必要なサポートをしていくのも愛情です。愛情をかけることと自立を促すことは両立できます。

　新しい命を授かったときの喜びは何にも代えがたいものです。しかし、出産後の母親の身体は大きなダメージを受けていることも忘れてはいけません。「フルマラソンを走り切ったあとに交通事故に遭ったようなもの」とたとえられるほどです。その状態で、２〜３時間おきの授乳やオムツ替えなど、赤ちゃんの世話をするのですから、心身ともに疲れ切ってしまうのは当然です。
　子育ての最初のハードルともいえる赤ちゃん育ての時期を乗り越えるためには、父親や家族のサポートが不可欠です。母乳を与える以外のことは、父親をはじめ家族みんなで協力して行ってほしいと思います。赤ちゃんは０歳の頃から、家庭の温かい雰囲気の中で育つことで、心も穏やかに成長し自立心を育んでいくことができるのです。

第 2 章のまとめ

❶ おなかの中にいるときから子育ては始まっている。

❷ 赤ちゃん誕生の嬉しい気持ちを忘れない。

❸ 赤ちゃんはコミュニケーションが大好き。

❹ 赤ちゃんも家族の一員として扱う。

❺ 家族が仲良くすることが赤ちゃんの幸せ。

❻ 勉強よりも生活習慣を身につけることを優先。

第 **3** 章

すべての子どもが生まれつき
持っている向上心を伸ばす
進んで学ぶ
賢い子に育てる智慧

幼児期の教育のコツはスモールステップ

　0～6歳の赤ちゃんから幼児の時期は、子どもの脳や身体が急激に発達し、記憶力や思考力、理解力などが大きく伸びる時期です。この時期に集中して学習に取り組むことで、子どもの能力は飛躍的に高まるのです。「幼児は自由に遊ばせておけばいい」「幼児なのに勉強させるのはかわいそう」という考えは間違いです。成長する幼児期だからこそ、適切な方法で学ぶことが重要なのです。

　ただ「学ぶ」といっても、幼児期の学習は詰め込み教育ではいけません。無理なく楽しく学べるように、年齢に応じた教材を使い、工夫を凝らした教え方をすることが必要です。楽しく学ぶうちに、子どもは知らず知らずのうちに記憶力や思考力、理解力を身につけていきます。

　学力が向上すれば問題も自力で解けるようになり、100点を取れる喜びが勉強への意欲を高めていくのです。こうして学ぶことが楽しくなり、進んで（自発的に）勉強するという好循環が生まれるのです。

　ただし、子どもの成長には「スモールステップ」という考え方が欠かせません。一度に大きな成果を求めるのではなく、小さな目標を少しずつ積み重ねることで、子どもは自信をつけ、次の挑戦に向かう力を身につけていきます。新しいことに挑戦する際は、「ここまで頑張ろう」と具体的な目標を示し、その過程の努力と成果をしっかり褒めてあげることが大切です。こうした努力と成功体験が、「自分

すべての子どもが生まれつき持っている向上心を伸ばす
進んで学ぶ賢い子に育てる智慧　第3章

にもできる」という自信を育て、成長の原動力になります。
　子どもにとって、人生の大きな目標は、はるか遠くに感じるものです。しかし、小さな目標であれば子どもにも分かりやすく、手が届くものになります。それを少しずつクリアしていく過程で子どもは自然と次のステップに向かう力を身につけていきます。子どもには目の前の達成可能な目標を示し、その都度達成感を味わわせてほしいと思います。
　また、親が焦るあまり、子どもに過度な期待をかけてしまうことは避けたいものです。未熟な子どもにとって、大人と同じようにできないのは当たり前です。それを受け入れ、子ども自身のペースを見守り、手を差し伸べたり、励ましたりすることが重要です。成長の過程では失敗やつまずきも避けられません。しかし、それもまた学びの機会です。「少しずつでいいよ」と寄り添えば、子どもは安心して努力を続けることができます。その中で、「こうすればもっと良くなるね」と優しく導いてあげれば、子どもは自然と次の一歩を踏み出す勇気を持つことができます。
　応援しながらも急がず、スモールステップを大切にしながら子どもの成長を見守る、そんな親の姿勢が信頼関係を深め、子どもが自信を持って進む力となります。焦らず、小さな一歩一歩を積み重ねる喜びを共有しながら、一緒に歩む気持ちを忘れないでください。それが子育て成功の秘訣です。

65

「勉強だけ」では足りません

「頭が良い人」というと「試験の成績が良い人」「偏差値の高い学校に行っている人」など「学校の勉強ができる人」をイメージする人が多いと思います。なかには「学校の勉強さえできれば人生は成功する」と信じている人さえいます。

もちろん学力を伸ばす努力は大切です。しかし、学力だけがすべてではありません。人間としての価値や魅力は、学力以外の部分にこそあります。本当に頭の良い人は、相手の気持ちを理解し、思いやりを持って行動できるため、人に好かれ、社会的に成功します。一方で、勉強が得意でも相手を思いやれない人は、一時的に成功できたとしても、どこかで行き詰まってしまうことが多いと私は思います。

親としては、子どもの学力を伸ばすことだけを目標にするのではなく、人生の土台となる幼児期に「人としての基本」も教えてあげるべきだと思います。特に、右ページの表のようなことは、人間にとってとても大切であるにもかかわらず、学校ではあまり教えてくれません。

例えば、子どもにとっての行動力とは学んだことを活かせる力といえます。学んだ知識を活用していく行動力は大人になるうえで必要不可欠な能力です。学びを行動につなげ、知識と経験を結びつけて少しずつ子どもは学びを深めていくことができます。

行動力と同時に経験から学ぶ姿勢も育てるべきです。大人になれば机の上だけでなく現場で学ぶこと、実際の社会で活かすことが求められます。問題に直面したときの対応力こそ、生き抜くために必要な力となります。知識は人との関わりの中で深まりますが、相手の意見を聞くことの重要性を伝え、新しい価値観を柔軟に受け入れられる姿勢を身につけられるよう促してほしいと思います。

【　学校ではあまり教えてくれない大切なこと　】

・挨拶や礼儀
・自分のことは自分でやり遂げる力
・思いやりのある優しい心
・誠実さと正直さ
・芸術や文化を楽しむ感性

こうしたいわば「人間力」が備わって、初めて本当の意味で人は社会に貢献できます。学力だけを伸ばしても十分ではありません。子どもの「心」を育てることも同じくらい大切です。そのために大切なのは、親が長期的な目線で子育て計画を立て実行していくことです。

頭の良さの５要素

　頭の良い、賢い人に育ってほしいと願わない親はいないと思います。ここでの頭の良さとは、単なる一つの能力ではなく、総合力です。頭の良い人には、次の５つの要素がバランス良く備わっています。

① **記憶力**

　知識・情報を正確に覚え、それを必要なときに引き出す力。記憶力が優れている人は、学んだことを忘れず、それを活用することができる。

② **集中力**

　目の前の課題に意識を向け、継続して取り組む力。集中力が高い人は、周囲の雑音や誘惑に左右されず、一つのことに深く没頭することができる。この力は学習だけでなく、日常生活のあらゆる場面で重要であり、効率的に物事を進めるための土台となる。

③ **理解力**

　相手の話や文章を的確に理解する力。話の意図や複雑な概念を素早く把握できる人は、他者とのコミュニケーションでも大きな力を発揮できる。

④ 観察力

　細かな違いや物事の本質に気づく力。周囲の変化や細部に注意を払い、新しい発見や洞察を得ることができる人は、創造的な思考を育てる基盤を持っている。

⑤ 創造力

　芸術的な才能や革新的なアイデアを形にする力。記憶した知識を組み合わせて新しいものを生み出す力は、社会で活躍するために欠かせない。

　この５つの力をバランス良く育てていくことが、子どもを賢くします。そのためには、親自身が努力し、率先して学ぶ姿勢を示すことが大切です。親が学び続けることで、子どももその影響を受け、自ら成長する意欲を持つようになるのです。

子どもの記憶力は
覚える訓練で育つ

　50年に及ぶ教育現場での経験から、記憶力の良い子どもには、共通点があることに気づきました。それは、集中して何かを覚えた経験があるということです。

　集中して記憶する習慣がある子どもは、記憶力がますます向上し、新しいことも以前より短い時間で覚えられるようになります。このことは、近年の大脳生理学の研究でも証明されているそうです。幼少期に記憶する経験を積むことで、大脳の記憶シナプスが結合しやすくなり、ほかの分野でも記憶力が向上することが分かっています。記憶力は訓練で伸ばすことができるのです。

　特に０～６歳は、記憶力が飛躍的に向上する重要な時期です。例えば、幼稚園年長の子どもに「百人一首」や「論語」を覚えさせることは、単に知識を身につけるだけでなく、記憶力を高めます。そういった意味で江戸時代、寺子屋で子どもたちに「論語」を暗唱させていたのは、まさに記憶力を鍛える教育の一環で非常に理にかなったものでした。

　幼少期に記憶する経験を与えることで、子どもたちは将来、学習全般でその力を発揮しやすくなります。しかし一方で、「小さな子に勉強させるのはかわいそうだ」「小さな子どもはただ遊ばせておけばいい」「どうせ忘れてしまうから意味がない」という意見もあります。一見もっともな

意見ですが、この飛躍的に記憶力が伸びる機会を活かさないのは、子どもの可能性を大きく狭めてしまい、逆にかわいそうです。

「いくらやっても覚えられない」と悩む中高生がいますが、彼らを見ていると、幼少期に記憶する習慣をつけさせてもらえなかったのだろうな、と不憫に思います。

記憶力が飛躍的に伸びる0〜6歳の幼少期にどれだけ「覚える」体験を重ねるかが、子どもの未来を大きく左右します。家庭でも次のようなことであれば、気軽に取り組めるのではないかと思います。

① 興味を引き出す工夫をする

子どもは、好きなことや興味のあることを自然と覚えます。一方、関心が薄いことに対しては、記憶が定着しにくいものです。そのため、大人が工夫して興味を引き出す環境を整えてあげることが大切です。

例えば、昆虫や恐竜の名前をすぐに覚える子どもでも、季節の花には興味を持たない場合があります。そこで親子で花を育てる活動を取り入れて子どもの興味を引き出してあげるとよいです。

また、子どもが普段からよく目にするものをテーマにすると、記憶へのハードルが低くなります。例えば、スーパーで一緒に買い物をする際に、「この果物は何の仲間か

な？」「リンゴと似た形の果物は何だろう？」と質問してみます。ゲーム感覚で物事を教えることで、楽しく興味を引き出すことができます。記憶力を伸ばすには、日々の生活の中で子どもの興味を引き出し、楽しく覚える習慣をつけることが大切です。

② 実体験と記憶を結びつける

記憶力を高めるためには、知識をただ教えるだけでなく、実体験と結びつけることが効果的です。例えば、季節の花を親子で育てることで、「チューリップ」や「パンジー」といった花の名前を覚えるだけでなく、楽しい思い出や自然への関心も育まれます。「今日はこの苗に水をあげてみよう」「チューリップって春になるとこんなにきれいに咲くんだよ」といった実体験を通じて興味を持たせると、自然と記憶に結びつきます。

さらに、旅行や自然体験も、記憶力向上に効果的な方法です。例えば、博物館で新しい知識に触れたり、自然公園で動植物を観察したりすることで、学びと記憶が深く結びつきます。

③ 意識して覚えることを習慣にする

日常生活の中で、親子で記憶を楽しむ習慣を取り入れることも重要です。例えば、子どもが幼稚園や保育園で学んだことを家庭で共有するのも良い方法です。「今日、先生が教えてくれたことをお母さんに教えてね」とお願いする

と、子どもは「覚えて帰る」という意識を持つようになります。

④ クイズで振り返る

覚えたことをクイズ形式で楽しく振り返るのも効果的です。

親「夏の野菜で、上から読んでも下から読んでも同じ名前の野菜はな〜んだ？」
子ども「トマト！」
親「正解！　よく分かったね！」

このように正解するたびに大げさに褒めることで、記憶することそのものが楽しい体験となります。子どもが学んだことを共有したり、楽しむ場をつくったりすることで、記憶力が育つだけでなく、親子の絆も深まります。

記憶力は努力次第で伸ばすことができます。幼い頃から「覚える」経験を与えることが、子どもの未来に大きな力を与えるということを忘れてはいけません。

智慧 18

日常生活の中で集中力を伸ばす

　頭の良い子は集中力があります。集中力は生まれつきのものではなく、日常生活の中で後天的に身につけることができるものです。しかし「集中しなさい」と言うだけでは集中力は育ちません。集中力を伸ばす親の接し方があります。

　子どもの集中力を育てるためには、集中する時間とそうでない時間のメリハリを意識させることが重要です。特別に長時間の学習が必要なわけではなく、短時間でも質の高い集中をする経験を積むことが大切なのです。特に幼児期は、机に向かう時間を徐々に伸ばしながら、飽きる前に区切りをつけることで、次第に集中力が鍛えられていきます。

　また、親からの声かけの内容も子どもに強い影響を与えます。「頑張りなさい」と命令するのではなく、「さっきより長くできたね」と、成長を認める言葉をかけることが効果的です。達成感を感じた子どもは、自ら進んで集中しようとするようになります。

　一つの方法が、子どもの好きなことを通じて集中力を引き出すというものです。大人も子どもも好きなことには時間を忘れて集中できる一方で、嫌いなことは短時間でも退屈に感じやすいものです。好きな本を読んでいるうちに、周囲が暗くなっていることにも気づかない、そんな経験をしたことがあるかもしれません。好きなことで集中すると

いう体験を持つ子どもは、集中した経験が少ない子どもよりも、さまざまなことに集中しやすいと私は考えています。

ただこの方法は嫌いなことや苦手意識を持つことに取り組みたいとき、好きにさせるという過程が必要になるため、結果的に時間がかかってしまいます。

集中力を本当に伸ばすためには、毎日の習慣が大切です。集中力をつけるには時間がかかりますが、少しずつ鍛えていくことで確実に伸ばせます。

例えば、算数の問題にすぐ飽きてしまう子どもには、まず15分間集中して取り組むことを目標にしてみるのがよいと思います。この習慣が身につくまでに２〜３週間かかるかもしれません。それが達成できたら、次は25分、35分と少しずつ時間を延ばしていきます。短い時間から始め、少しずつ集中する時間を延ばしていくのがポイントです。例えば、５分集中できたら次は10分、と無理のないペースで取り組む時間を増やしていきます。

習慣を通じて集中力を鍛えることは、学習だけでなく、心の成長にもつながります。集中力が育てば、それは信念や忍耐力にもつながり、人生全般を支える大きな力になるのです。

子どもの理解力を上げるコツ

　理解力ある「頭の良い子」に育てるにはどうしたらいいかを知るために、まずはそもそもの理解の仕組みを考えることから始めたいです。

　人が何かを聞いて理解するとき、無意識に自分の知識を総動員し、その内容が自分の知識と一致しているかをチェックします。すでに知っている内容であれば、理解は速く進みます。以前に聞いた話であれば、すべてを聞かなくても内容を把握できるためです。一部が似ている話を知っている場合でも、無意識にその違いと共通点を比較しながら理解を深めます。これを「知識の差異チェック」と呼びます。この場合も理解が速くなるのです。

　一方で、すべてが初めての話であれば、最後まで聞かないと理解が難しく、場合によっては誤解することもあります。つまり、関連する知識がまったくない場合、理解に時間がかかるのです。

　知識が豊富な人や多様な考え方に触れている（つまり教養がある）人は、人の話や文章を速く理解することができます。子どもの理解力を高めるためには、幅広い知識や教養を身につけさせることが重要です。

　子どもに幅広い知識や教養を身につけさせるための具体的な方法として私は以下のようなことを親にすすめています。

すべての子どもが生まれつき持っている向上心を伸ばす
進んで学ぶ賢い子に育てる智慧　第3章

① 新しいことを学ぶことが大好きな子にする

　自ら学び、自発的に行動する子どもに育てることが理想です。そうなれば、放っておいても幅広い知識や教養を身につけます。例えば、親が見ていなくても自分から必要な勉強を進める、「この問題集が欲しい」と自らリクエストして主体的に取り組む、難しい問題を筋道立てて考え解くのが楽しいと感じる、といったことを目標に掲げて新しい知識の吸収を楽しむ土台を作ってあげるのが効果的です。

② まずは「読み」を習得させる

　本を読むことは、知識を広げる第一歩です。早い段階で文字を教え、読み書きの基礎を身につけさせましょう。「読み・書き・そろばん」が江戸時代から教育の基本とされてきたのも、こうした基礎力がその後の学びの土台となるからです。

③ 本好きにさせる

　本を通じて、子どもが自ら知識を広げられる環境をつくることが大切です。「本を読むこと」を日常生活の一部とし、自然に学び続けられるように導きましょう。読書には次ページのような効用があります。

77

【 読書の効用 】

① 先人の知識や体験を学べる

② 科学や文化、思想など多岐にわたる分野の智慧に触れられる

③ 人類が現在到達している高度な知識を吸収できる

④ 勉強は家庭内で飛び級をさせる

　学びのペースを子どもの能力に合わせて調整し、成長を促すのも効果的です。例えば、通信教育などを利用して、学年を先取りする形で進めると、子どもにとって新鮮な刺激となり、知識欲が高まることがあります。

⑤ 実体験を増やす

　実体験から得られる学びも非常に重要です。さまざまな体験を通じて、子どもの視野を広げましょう。例えば、美術館や博物館に親子で訪れて本物に触れるなど、質の高いものを見続けることで、本物と偽物の違いが分かる目を養うことができます。また、こうした実際に見たり触れたりする経験を通じて、知識がより深く定着することもあります。

子どもの観察力は絵で育つ

 観察力は子どもの頭を良くする重要な要素です。観察力がある子は、「ここは同じだけれど、ここは違う」など、よく似ている物事の微妙な違いに気づきます。学習効果が高いため同じ時間でより多くのことを吸収できます。結果として観察力が高いとIQ（知能指数）も高くなります。

 観察力は、生まれつき備わっている能力ではありません。後天的に育てられるため、親が意識して伸ばしてあげられるよう働きかける必要があります。

 観察力を磨くための効果的な方法の一つが、絵を描くことです。それも自由なお絵かきではなく、実物を見てできるだけそのとおりに描くスケッチです。スケッチを通じて細かい違いや共通点に気づき、自然と観察する力が養われていきます。親子でぜひスケッチに取り組んでみてほしいと思います。

 スケッチする題材はその子の好きなものを選びます。例えば、花が好きな子であれば、一緒に花を育ててスケッチすると効果が高まります。花びらのつくりや葉のつき方、めしべの本数などを観察し、それを絵に描き、色を塗ることで観察力が磨かれます。

 昆虫が好きな子どもなら、夏にカブトムシやセミの観察をしてみましょう。足の形や体のつくりをスケッチし、クワガタムシとカブトムシの違いを比べることで、観察力がさらに深まります。魚が好きなら熱帯魚や金魚を飼い、そ

の動きや模様を観察させるとよいです。恐竜好きの子であれば、上野の国立科学博物館を訪れ、スケッチブックを持参して恐竜の骨格を描く体験も楽しめます。電車や車が好きな場合、鉄道博物館や自動車のパンフレット収集を通じて興味を広げることもできます。

　好きなものならじっと観察するのも苦になりませんし、スケッチを通じて親子の会話も弾み、楽しい時間を共有できます。クレヨンや色鉛筆が使いにくければ、鉛筆や透明水彩絵の具を使うなど、スケッチで観察力を高めるだけでもさまざまな工夫ができます。

　この活動で大切なのは、ただ子どもに自由に描かせるだけでなく、親が一緒に観察しながら気づいたことを伝え、具体的な描き方のコツやポイントを教えてあげることです。親子でコミュニケーションを深め、子育ての時間を楽しむことができます。

　例えば、すみれの花を親子でスケッチするとき、観察しながら、次のように話しながら進めていきます。

「すみれの花って、小さくてかわいいね。薄い紫色で、ひっそり咲いている感じがするね。見てごらん、花びらの下のほうがくっついているね。花の真ん中にあるのがめしべで、どのお花にも１本しかないんだよ。めしべの周りにある細いのはおしべっていって、たくさんあるね。何本あるか数えてみようか。そうだね。そして、この葉っぱの形も見てごらん。秋に観察した菊や夏の朝顔とは全然違う形

だね」

「それじゃあ、お父さんも鉛筆でスケッチブックに描いて
みるから、○○も自分のスケッチブックに描いてみよう。
上手に描けたね！　ここをこうするともっと素敵に見える
よ」

「次は色を塗ってみようか。透明水彩絵の具を使うと、こ
ういうお花にぴったりなんだよ。こうやって水で絵の具を
溶かして使うんだ。たくさん絵の具をつけすぎないほうが
きれいに見えるね。すごいね！　普通の幼稚園の子はクレ
ヨンや色鉛筆しか使わないけど、もう絵の具で描けるなん
て」

　こんなふうに親子で楽しみながら活動することで、子ど
もは自然と「理科（生物）の知識」「花の描き方」「季節の
知識」「透明水彩絵の具の使い方」などを身につけていき
ます。

　もちろん、すべてを完璧に実践するのは大人でも難しい
と思います。この例はあくまで理想像にすぎませんが、そ
んな理想をイメージしながら、親自身も学び、成長してい
くことが大切です。

創造力を育むために
知識を身につける

　創造力は、芸術的な才能や革新的なアイデアを形にする力です。子どもの創造力を育むためには、まずその「ベース」を作ることが大切です。

　文学的な想像力を育てるには、本好きな子に育てることから始めます。本が好きで、毎日楽しんで読む習慣をつけてあげるのです。そうすると子どもはしばらくすると、自分で物語を作りたくなります。

　たくさんの物語を読み、いろいろなストーリーが頭に入ってくると、「私だったらこういうお話にするのに」「この結末を幸せなものに変えたい」といったアイデアが自然に湧き出てくるのです。これこそが読書量が豊富な子どもが発揮する創造力です。

　ちなみに、本嫌いな子どもにどう向き合うかというと、読み聞かせを通じて本の魅力を伝えることが有効です。「世の中には素晴らしい本がたくさんあるんだよ」「これまで読み聞かせで聞いてきたお話以外にも面白い本がいっぱいあるよ」と語りかけて、本への興味を引き出します。そして、「お母さんと一緒に本を買いに行こうか」と誘い、大型書店に連れていきます。

　その際、親はあらかじめ子どもに読んでほしい本を含む推薦図書リストを用意しておきます。書店に着いたら、リストの本を本棚から出して見せ、「この中でどれがいい？」と声をかけ、子どもが選びやすい状況をつくります。例え

ば、「この本はかわいいイラストがあるよね」「こっちは面白そうな冒険の話みたいだよ」と声をかけながら、子どもに選ばせるのです。

　もし子どもが選んだ本を読まない場合でも、「この間一緒に書店へ行き、あなたが買ってほしいと言ったから買ったのよ。試しに一緒に読んでみようか？」と声をかけることで、子どもに責任感を持たせることができます。欲しいと言ったのは子ども自身ですが、実際は親があらかじめ準備したリストの中から選ばせています。このように、実際は親が良い影響を与える本をあらかじめ選んだうえで、子ども自身が選んだと感じさせるようにするのがポイントです。

　親が示唆しながらも、子どもに「選んだ感覚」を持たせることで、読書への興味を引き出し、自分で進んで読もうという意識を育てるのです。

　これはおもちゃや習い事、受験する学校なども同じです。親が勝手に決めたという形になると、途中で嫌になったり、挫折してしまったりする原因になることがあります。そのため、親があらかじめ下調べや準備をしたうえで、子どもが自分で決めたと感じられるようにする工夫が必要です。

　私は専門家ではありませんが、音楽も同じです。ピアノなどの楽器を学ぶと、最初は楽譜を正確に弾くだけです

が、やがて楽譜を見ずに弾けるようになり、さらに作曲の背景や曲の意味を理解して自分なりに工夫を加えるようになります。

絵画も同じです。ルノワールのような巨匠も最初はルーブル美術館で先人の作品を模写するところからスタートしました。模写を通じて技術を磨き、優れた作品に触れることで感性を育て、その後、自身の作風を確立していったのです。

こういった例からも分かるように、創造力は突発的に湧き出るものではありません。まずは基本を学び、知識や技術を蓄積することが必要です。創造力はそのうえで「自分だったら」という意欲が出ることで、独自のアイデアや表現が生まれます。

「守破離」という言葉がありますが、これはあらゆる分野に通じる普遍的な原則です。創造力を伸ばすには、まず基礎を学ぶことです。そして、優れた作品を模倣し、努力を重ねて頭の中に創作のデータベースを作る。そこまでできて、自らの創造へとつながるのです。

基礎となるベースの知識がなければ、たとえ創造的なインスピレーションが降りてきても、受け取ったり、活かしたりすることはできません。創造力を育む前にしっかりとした「ベース」を作る、そのための環境づくりが親の役目です。

智慧 22 ３週間で一生の学習習慣を身につけさせる

　良い子育ては、良い習慣から始まります。何かを新しく習慣化するには、最初の２〜３週間が最も大変です。しかし、一度習慣として定着すれば、子どもたちは抵抗なく続けられるようになります。明日からすぐに習慣にするといった急な変化ではなく、段階を踏んで少しずつ進めるのが効果的です。

　なお習慣化を進めると自然とその中で課題が見つかり、改善や向上を図りやすくなるのもメリットだといえます。

　習慣化のカギは、まず子どもが納得し、自分からやる気になるような仕掛けを作ることです。例えば、ある家庭では、朝早く起きて顔を洗い、朝ごはんを食べたあと、幼稚園に行くまでの30分間、制服を着た状態で勉強をすることを習慣化しています。この時間はたった30分ですが、子ども自身が「バスが来たら勉強は終わる」と理解しているため、集中して取り組めるのです。

　ルーティンを作ると、子どもは律儀にそれを守ります。毎日、同じ時間に起きて、決まったスケジュールで行動する、帰宅後は手を洗い、制服を着替え、少し休んだあとにおやつを食べて勉強を始める……そんなルーティンが出来上がっている子どもに、親が「今日は祝日だから休んでいいよ」と言っても、子どもは「やる」と律儀に習慣を守ろうとします。この律儀さを親が否定せず、「いいね」と応

援することで、習慣がより深く根付いていきます。

　私がこの習慣化の大きな力を再認識したのは、ある家庭のルーティンを知ったときでした。その家庭では、両親の仕事の都合で家族全員が午前３時に起き、朝食をとり、父親は会社へ、子どもは幼稚園が開くまでの３時間以上を勉強に使っていました。生まれたときからその生活を続けているため、子どもにとって３時起きは大変なことではありませんでした。これが習慣の力なのです。

　どんな習慣でも習慣がつくまでは抵抗があり、大変です。しかし、一度動き出せば、自然に続けられるようになります。

　もちろん、体調が悪いときや疲れているときには「今日は休んでいいよ」と教えてあげることも大切です。その際、人は機械ではないから、身体を休めて健康を取り戻すのが最優先だと伝えましょう。

　習慣は「継続は力なり」という言葉のとおり、子どもに大きな力を与えます。毎日の小さな習慣の積み重ねが、将来の大きな成果につながります。

　習慣化は、自転車の補助輪を外す過程と似ています。最初は手を添えて支えますが、徐々に手を離し、最後には子どもが自分でこげるようになるまで見守るのです。子どもによって習得の早さには個人差がありますが、最大３週間を目安に我慢強く付き合うことで、子どもは新しい習慣を

身につけられるようになります。

　逆にいえば、子どもは、たった３週間で良い習慣を身につけることができるのです。たった３週間、大変ですがこの期間を親子で一緒に乗り越えることで、子どもはその習慣を自分のものにしていきます。

　具体的な方法として、１週目は完全に付きっきりでサポートします。子どもの隣で一緒に取り組みながら、「よく頑張っているね」とたくさん褒めてあげてください。

　２週目になると、少し距離を取り、子ども自身が取り組む時間を増やします。ただし、必要な声かけや励ましを忘れないようにしてください。

　３週目は、基本的に子どもが自分でできる状態を目指しつつ、適宜チェックやサポートを行います。この段階では、親が少しずつ手を離していきます。

　ここまでくれば４週目には、子どもがほぼ自立してその習慣を実行できるようになります。「自分でできるよね」と信頼を伝え、完全に任せることを意識しましょう。

　３日坊主で終わってしまったという声もよく聞きますが、それは親が３週間耐えられなかっただけのことです。３週間を目安に、親がまずお手本を見せ、一緒に実行することが不可欠です。１時間早く起きて勉強させたいと思いながら、親が寝ているようでは子どももやる気を失います。

　子どもに何かをさせるとき、親はつい上から目線で「あ

あしろ、こうしろ」と命令口調になりがちです。「片付け
なさい」と言っても、子どもは素直には聞いてくれなかっ
たりします。では、どうすればよいのでしょうか。それは
「やりなさい」を「一緒にやろう」に変えることです。こ
の「一緒にやろう」という声かけは、子どもが行動する
きっかけをつくる重要なキーワードです。

　自分のことは自分でやるべきという考えは大切ですが、
最初からすべてを任せるのではなく、まずは一緒に取り組
むところから始めるのがよい方法です。一緒に片付けを
していくうちに、次第に子ども自身が片付けの習慣を身につ
け、親が一言声をかけるだけで動くようになります。やり
たがらない場合でも「一緒にやろう」という姿勢を見せる
ことで、子どもの心が開きやすくなります。そして、習慣
が身についてきたら「あとお願いね」と言葉を添えて少し
ずつ手を離していくと、やがて自分の力でできるようにな
ります。

　たとえ親自身が忙しくても、最初の３週間は子どもに寄
り添い、励ましながら取り組むことが必要です。親も努力
し、子どもと二人三脚で進む意識が大切です。もし３週間
頑張っても習慣化がうまくいかない場合は、再度方法を見
直せばいいのです。

　どんな習慣も最初は親のサポートが必要です。親子で努
力することで、子どもにとっての「一生ものの良い習慣」
を築き上げることができるのです。

すべての子どもが生まれつき持っている向上心を伸ばす
進んで学ぶ賢い子に育てる智慧　第3章

　習慣化しても、子どもが自分だけでできるようになるまでには時間がかかります。その過程で失敗もあるでしょうが、叱らずに「必ずできるようになるよ」と声をかけてあげてください。

　例えば、子どもが逆上がりをマスターしたい場合、最初は親が軽くサポートしながら感覚を覚えさせます。「こうやってやるんだよ」と伝えながら、何度も挑戦を繰り返していくうちに、少しずつコツをつかんでいきます。

　最初は親が力を貸していても、徐々にそのサポートを減らし、最後には自分の力だけでできるようになります。言われたとおりにできなくても怒らずに、努力していることを褒めてあげてほしいです。失敗は成長の一部です。大げさにいうと「努力すればいつかはできるかもしれないが、しなかったら一生できない」のです。

智慧 23 子育ては「褒め褒め作戦」で

　子育ての作戦とは、子どもの心を動かすための親の工夫です。子どもにも自由意思があるので、親が指示を出しただけで必ず行動するわけではありません。子どもに「自分からやりたい」と意欲を持たせ、楽しく、継続できるよう工夫できる智慧のある親にならなければならないのです。

　子どものやる気を引き出したい場合、「やる気を出しなさい！」といくら親が叱咤激励しても、やる気が出ることはまずありません。例外があるとしたら、元からやる気を持っている子の場合です。

　やる気のない子どもにやる気を出させるのが難しいのは、やる気を出すかどうかは本人の心のあり方に関わる問題だからです。誰かから「こう思いなさい」と命じられてもそのとおりには思えないのが人間です。

　そこで親は子どもの性格や傾向を理解し、その子に合った作戦を考えるほかないのです。もし、褒められると素直に喜び、ニコニコするタイプの子どもであれば、たくさん褒める作戦を試してみるとよいと思います。褒められることで子どもは嬉しくなり、「もっと褒められたい！」とさらに努力するようになります。そして、努力の成果を褒められることでさらに喜び、自信をつけていきます。このサイクルが習慣となると、褒められることを目的とせずとも自発的に行動するようになります。ただし、この「褒め褒め作戦」にも注意が必要です。それは努力した過程を評価

することが大切だということです。結果だけを褒めてしまうと、「良い結果を出さなければ褒められない」と子どもがプレッシャーを感じてしまいます。

　人は褒められてこそ伸びます。褒めることは、子育てにおいても非常に重要です。しかし、「なんでもかんでも褒めればいい」というわけではありません。褒めるときには、「何を褒めるか」が大切です。

「テストの点数が良かった」「かけっこで1番になった」など、結果を褒めることも必要ですが、それ以上に、「しっかり勉強をした」「一生懸命走った」などの努力のほうを褒めることを意識してほしいと思います。

　結果ばかりにこだわると、褒める機会が減り、子どもが頑張った過程を見逃してしまうことがあります。例えば、期待した結果が得られなかったときに「努力が足りなかったからだ」と批判してしまうと、子どものやる気を失わせてしまう可能性があります。

　大切なのは子どもが少しでも努力したら、すぐに見つけて褒めることです。生まれつき足が長い子どもに「足が長くていいね」と声をかけたとしても、多少は嬉しいかもしれませんが、本人が努力して得たものではないため、やる気にはつながりにくいのです。もちろん、生まれつきのことを褒めるのが間違いというわけではありません。ただ、本人が努力したことを褒めることがそれ以上に大切だとい

うことです。

　例えば、「今日は自分から絵本を手に取ったね」「昨日よりも丁寧に片付けようとしているね」といった行動を褒めることで、努力そのものが評価されているという実感を子どもに与えることができます。努力を認められた子どもは「次も頑張ろう」と思い、意欲的に新しいことに挑戦するようになります。

　努力を認められた子どもは、向上心が刺激され、さらに成長したいと思うようになります。結果ではなく、懸命に努力することが素晴らしいという価値観を親が持つことで、子どもは安心し、挑戦そのものを楽しめる環境を得られます。

　褒めるところを見つけるのが苦手という人は次の２つを意識していくと、見つけやすくなります。

① 「当たり前」を褒める

　子どもは自分が頑張ったことを親に認めてもらいたくて、幼稚園や学校での出来事を嬉しそうに報告してきます。そんなとき、忙しさを理由に「あとにして」「それくらい当たり前でしょ」と流してしまうと、子どもはがっかりして、次に頑張ろうという気持ちをなくすかもしれません。

　大人から見れば当たり前のことに思えても、「よく頑張ったね」「上手にできて偉いね」と、気持ちをしっかり受け止めてあげることが大切です。子どもが求めているの

は、自分が頑張ったことを親に認めてもらえることなのです。さらに家族全員で褒め合う習慣をつくることも効果的です。さまざまな形で褒め合うと、次のような良い循環が生まれます。

【　褒めることが生み出す好循環　】

褒められる → 嬉しい → もっと褒められたい → 努力する →
さらに褒められる → 自信がつく

② 本人が期待していなかったことを褒める

さらに進めて、子どもが褒められるとは思っていない些細なことに気づいてあげると、子どもはますます嬉しく感じます。「片付けを少し進めた」「昨日より丁寧に字を書こうとした」といった、親にとっては小さく見える行動も、子どもにとっては大きな成長の一歩だからです。

机を整理して勉強を始めたら、その行動自体を褒める。まだ結果が出ていない段階でも「いいね、その調子だね」と声をかけることで、子どものモチベーションは大きく高まります。

幼児期は特に成長の変化が大きい時期です。そのため、子どもの小さな努力を見つけて褒めることは、親にとってもわが子の成長を実感できる、嬉しい時間です。今はまだその兆しが見えなくても、努力を褒め、認め続けることで、結果はあとからついてきます。

物で釣って勉強のモチベーションにしない

「〇〇したらおもちゃを買ってあげる」と物で子どもを釣る親がいます。この方法は、短期的には効果がありますが、長期的には良い結果をもたらしません。いくつかの問題があるからです。

① **ギブアンドテイクの習慣を植え付ける危険性**

物を与えないと動かない子どもになりがちです。頑張ったら何かもらえるという条件付きの行動は、やがて「人のために尽くす」「無償の愛」といった価値観を遠ざけてしまいます。その結果、計算でしか行動しない、心の狭い人間に育つ可能性があります。このような姿勢では、社会的に成功するのも難しくなってしまいます。

② **欲望がエスカレートしていく危険性**

欲望には終わりがありません。最初は小さなおもちゃで満足していたとしても、次第にそれでは足りなくなり、より高価なものを求めるようになります。これでは、子育ての基本である「良い習慣を育てる」という目標から遠ざかってしまいます。

では、物に頼らずに子どものやる気を引き出すには、どうすればよいでしょうか。それは「親の喜び」を伝えることです。例えば、こんなエピソードが子どもを大きく励まします。

すべての子どもが生まれつき持っている向上心を伸ばす
進んで学ぶ賢い子に育てる智慧　第3章

・期末テストで成績が上がったとき、親戚に電話をかけて
　父が嬉しそうに話してくれた
・受験で合格したとき、家族で温泉旅行に行き、家族全員
　で喜びを共有した
・日頃あまり褒めない父が「頑張ったな」と言ってくれ
　て、それが今でも心に残っている

　こうした家族の喜びや思い出が、子どもにとって最高の
ご褒美になります。物ではなく、「親が喜んでくれる」「家
族の幸せにつながる」といった感覚が、子どもにとって最
高のモチベーションになるのです。
　それでもどうしても物としてのご褒美を与えたい場合
は、「条件」にしないことが重要です。努力や成果が出た
あとに、「頑張ったね」と言葉を添えて記念に贈ります。
それでは結局物をあげるのと同じではないかと思うかもし
れませんが、大きな違いがあります。物を勉強する条件に
するのではなく、成果を家族で祝うという姿勢で与えるこ
とで、子どもにとってそれが「家族の絆」として記憶に残
るのです。
　頭が良く、人柄も良い、人間力のある子に成長するため
には、親の接し方や言葉がけが大きく影響します。「努力
すれば家族みんなが喜んでくれる」という経験を積ませる
ことを心がけてほしいです。

95

読み聞かせをすると賢い子が育つ

　子どもの身体は、バランスの良い食事と健康的な生活を送ることで自然に成長していきます。しかし、心は違います。心の成長には、周囲の大人が意識的に関わることが必要です。放っておいては心は豊かにはなりません。子どもの心を育てるためには、大人が積極的に働きかけることが求められるのです。

　夜、子どもが寝る前のひととき、枕元で童話や物語を読み聞かせる時間をつくってほしいと思います。読み聞かせには、国語力を高めるだけでなく、心を豊かに成長させる効果があります。

　読み聞かせは単なる日課ではなく、子どもの成長にとって非常に大きな意味を持ちます。

① 親子の密なコミュニケーションの時間になる

　読み聞かせは、親子が心を通わせる特別な時間です。特に寝る前のひとときに本を読んであげると、子どもは「自分だけの親との時間」としてその瞬間を大切に思い、親の愛情を強く感じ取ることができます。この時間が、子どもにとって一日で最も楽しみなものになれば、親子の絆はより深まっていくはずです。

② 耳から情報を入れる力とイメージする力を育てる

　読み聞かせを通して、子どもは耳で話を聞き、それを頭

の中でイメージする力を養います。例えば、かぐや姫の竹が光る場面や桃太郎が鬼と戦う場面を聞きながら、情景を思い浮かべる練習を自然としています。この習慣が、将来の理解力や創造力の基礎になります。

③ 記憶力がアップする

物語の流れを追いかけることで、子どもは場面や出来事を記憶する力を鍛えます。「覚えなさい」と教えなくても、楽しいお話を聞きながら自然に記憶力が育つのが読み聞かせの魅力です。物語の場面（シーン）を思い出し、登場人物の行動を振り返ることで、記憶力のトレーニングが行われています。

④ 国語力が養われる

童話や昔話は正しい日本語で書かれています。読み聞かせを通じて、子どもは正しい文法や言葉遣いを身につけます。また、物語に出てくる言葉の意味を親に尋ねたりすることで、自然と語彙が増えます。このように、国語力が育つのは、読み聞かせの大きなメリットの一つです。

⑤ 作文力が伸びる

物語をたくさん聞いていると、子どもはその構造を無意識に学びます。桃太郎や金太郎を少しアレンジして、自分

なりのお話を作る経験を通して、文章を書く力が伸びます。こうした体験が作文力を育てると同時に、読解力の向上にもつながります。

⑥ 道徳心が育まれる

　昔話や童話には、善行が報われ、悪事が罰せられる教訓が多く含まれています。例えば、かちかち山や因幡の白ウサギの話には、人として大切な道徳心や公徳心が描かれています。こうした物語を通じて、子どもは善悪の基準や他人を思いやる心を自然と学び取ります。

⑦ **本好きな子に育つ**

　読み聞かせを続けていると、子どもはやがて自分で本を読みたくなります。「ひらがなを教えて」と頼んできたり、自ら絵本を手に取ったりするようになるなど、読書への興味が自然と育まれるのです。本を読む習慣が身につけば、読解力が向上し、学力全般の向上にもつながります。

　乳児期からの読み聞かせをすることで国語が好きな子になります。国語の基礎は「読み書き」にあり、親が毎日少しずつ本を読んであげることが、子どもの感性や興味を育む第一歩になります。

　読み聞かせでは、ただ文章を読むだけではなく、物語の登場人物の気持ちや背景を伝える工夫が大切です。例えば、「昔々、おじいさんとおばあさんが暮らしていました」

という場面では、「おじいさんとおばあさんはどんな気持ちで過ごしていたのかな？」「あなたがいてくれて、お父さんとお母さんは本当に幸せだよ」といった心情を添えると、子どもは物語を自分に重ねて考えることができます。

また、かぐやひめの竹を切る場面では「竹の中からお姫様が現れたんだよ」と語りかけ、子どもの想像力を刺激してください。この際、「こんなことあるわけない」などの批判的な言葉は控えましょう。物語の世界を楽しむ感覚を育てることが大切だからです。

読み聞かせは、子どもが物語の中で登場人物の気持ちや状況を想像し、「もし自分がこの場面にいたらどうするだろう？」と考えるきっかけを与えます。例えば、『母をたずねて三千里』を読み聞かせた際に、「なんでお母さんに会えないの？」と涙を流す子どももいます。こうした体験は、子どもの情緒を豊かにし、人間性を育む貴重な機会となります。

ただ物語を聞かせるだけならCDやYouTubeなどでもいいのではという意見があるかもしれません。しかし、読み聞かせは親が肉声で読んで聞かせることにこそ意味があります。読み聞かせの時間は、親子の絆を深め、子どもが物語を楽しみながら学べる時間です。感動したり共感したりする体験を通じて、子どもの国語力や表現力が自然と育まれます。また、この時間を通じて道徳心や公徳心を学ぶこともできます。こうした価値観は、親が意識的に教えなければ身につかない部分も多いのです。

親が自ら時間をつくり、愛情を込めて読み聞かせをすることで、子どもは「賢さ」と「優しさ」の両方を育むことができるのです。親はついつい「賢さ」を優先し、「優しさ」や「心の成長」を後回しにしてしまいがちです。しかし、それでは知識はあっても、尊敬されず、社会で役に立たない大人になってしまう可能性があります。わが子を有為な人材に育てるためには、「賢さ」と「優しさ」を別々にではなく、同時に育むことが重要です。

　読み聞かせは、親が子どもに愛情を伝える大切な手段です。本を通じて感動や共感を共有することで、子どもの心を豊かにし、親子の絆を深めることができます。

　読み聞かせする本は次のような基準で選ぶとよいと思います。

【　読み聞かせに有効な本　】

① 日本の昔話の有名どころ(さるかに合戦、桃太郎など20冊)
② 世界の童話の有名どころ（ジャックとまめの木、あかずきんちゃんなど20冊）
③ 子の心を育成したり、考えさせたりするようなお話（ごんぎつねなど）
④ 子どもの知的好奇心に応えたり、疑問に答えたりするような本
⑤ 理数系に興味を持たせるような本
⑥ 歴史や地理に関心を持たせるような本

すべての子どもが生まれつき持っている向上心を伸ばす
進んで学ぶ賢い子に育てる智慧　第 3 章

　読み聞かせは、子どもの心と頭の成長を大きく促します。しかし、「うちの子はひらがなが読めるようになったから、もう読み聞かせはやめました」という声を聞くことがあります。自分で読めるなら読んでねと親が言ってしまうのは、子どもにとってとても寂しいことです。

　ひらがなが読めるようになっても、読み聞かせは小学校1年生くらいまでは続けてほしいと思います。2年生くらいまででも、子どもがお願いしてくるなら、読んであげてもらいたいです。「もう小学生だから自分で読めるでしょう」と突き放してしまうと、子どもが親と過ごす時間や愛情を求めている気持ちに応えることができません。

　読み聞かせの時間は、長くてもせいぜい10分程度です。少しの時間を使うだけで、子どもとの大切なコミュニケーションの機会が生まれます。読み聞かせは、子どもにとって「親の愛情を感じる大切な時間」です。ひらがなが読めるようになったあとも、ぜひ続けてみてください。

101

ひらがなを覚えさせる「スイッチバック方式」

　ひらがなを読めるようになると、子どもは自分で本や図鑑を読むことができるようになり、楽しみながら知識を吸収していきます。「読んでもらわないと分からない」という段階から脱し、自ら学びを広げる力がついていきます。

　本好きになる→知識が広がる→さらに知的好奇心が広がる→読解力・理解力が養われる→さらに本好きになる、という好循環が始まります。読み聞かせを続けていると、子どもは自然に「自分で読みたい」「教えてほしい」と言い始めるようになります。そのタイミングを待って教え始めると、子どものやる気が高まり、楽しく学べます。

　また、ひらがなを覚える際には、視覚だけでなく、耳からの情報も活用すると効果的です。例えば、ひらがなの音を一緒に発音しながら覚えることで、文字と音のつながりを理解しやすくなります。さらに、覚えたひらがなを使って言葉を作る遊びを取り入れると、学びがより楽しくなります。「あ行」を覚えたら「あい」「あお」など、簡単な言葉に発展させることで、実際に使う機会が増え、記憶の定着が進みます。

　毎日の生活の中でも、目に入る文字を一緒に読んでみると言葉の定着を深めます。例えば、看板やお菓子の箱の文字を指さしながら「これなんて読む？」と聞いてみると、学びの機会が広がります。遊びの延長でひらがなを学ぶことが、自然な習得につながるのです。ただし、これらさま

ざまな手法があるとはいえ、ひらがなの習得は簡単ではありません。

このとき、有効なのがスイッチバック方式です。スイッチバック方式のやり方は、まず初日にひらがなのカードの中から、子どもが好きなカードを３枚選ばせます。この３枚のひらがなの読みを覚えさせます。

翌日、新たに３枚のカードを選ばせる前に、初日の３枚を復習し、確認してから新しい３枚を覚えさせます。３日目には１日目と２日目に覚えた計６枚を復習して確認し、そのあとで３日目に選んだ３枚を覚えさせます。

このように、毎回新しい内容を覚える前に復習を挟む「スイッチバック」を行うことで、記憶がしっかりと定着していきます。

ひらがなの読みや数を覚えさせようとしても、思うように進まないことがあるかもしれません。しかし、焦ったりがっかりしたりせず、子どもが好きなものを使って記憶の練習をしていきましょう。車や電車、花の名前や動物の名前、料理の名前、飛行機の名前など子どもの好きなジャンルで、焦らず根気よく進めることが大切です。

このスイッチバック方式は、ひらがなだけでなく何かを覚える際に活用すると効果的です。反復が記憶の定着を助け、大脳のシナプスをしっかりとつなげていきます。

英語より日本語が先

　幼児のうちに英語を始めたほうがいいという意見もあります。確かに子どもが英語を学ぶことは大切です。しかし、まだ日本語がしっかり身についていない段階で英語に力を入れるのは問題です。同時進行で学ばせると、多くの場合、混乱を招きます。

　ある子は、しりとりをしているときに「イチゴ」と言うべきところで「ストロベリー」と答えてしまいました。普段から英語を使う環境にいるために、日本語より英語が先に出てしまったのです。日本語での遊びや学びがスムーズにいかなくなり、結果的に国語力が損なわれてしまいます。一見、英語ができることは素晴らしいように見えますが、まずは日本語をしっかりと身につけることが大切です。

　一つひとつを確実に覚えさせ、そこから広げていくのがポイントです。まず頭の中に基本となる「杭」を打ち、それをもとに次の知識を積み上げていくような感覚で進めます。「ひらがな」の読みが完全にできるようになったら、次のステップとして「カタカナ」を、さらにそのあとに「英語」を教えるとよいでしょう。

　母国語で考える力が土台となって、あとから英語を学ぶ際にもスムーズに取り組めるようになります。

智慧 28 学ぶことが大好きな子に育てるには

算数の得意な子にするためには、生活の中に自然に学びを取り入れることがとても大切です。具体的なやり方をいくつか紹介します。

① おやつの数を教える

子どもにおやつを準備する際、あらかじめ人数分に分けて渡すのではなく、例えばパンケーキなら「○○さんとお母さんと半分ずつにしよう」「お父さんの分もとっておこう」などと子どもの目の前で切り分けるだけで分数の基礎が感覚的に理解できます。「どちらが大きい？」など比べることで、ごく自然に学びが深まります。

また、お菓子を複数用意して「お母さんと分けっこしようか、いくつあるかな？」と話しかけ、子どもにおやつの数を数えさせるのも良い方法です。「1つ、2つ……」と数を覚えながらおやつを分けることで、自然と数の概念が身につきます。この段階では足し算や掛け算を教える必要はありません。ただ、楽しく数えることを繰り返していきます。「10まで数えられたね、すごいね」などと褒めてあげることで、達成感を覚えさせるのがポイントです。

② お風呂で数える習慣を

お風呂の時間も学びのチャンスです。「100数えたらお風呂から上がろうか」といって、子どもと一緒に数えます。

また、「これから頭を洗おうね」と話しながら「60まで目をつぶってみよう」と挑戦させてみます。子どもが楽しく数を意識できる工夫をすることで、数えることが自然に身につきます。

③ 日常の中で数を意識する

　日常生活の中で、数を意識した会話を少しずつ取り入れましょう。例えば、スーパーで買い物をする際に「リンゴを３個取ってきて」とお願いしたり、「今日は何時にお風呂に入る？」と時計を見せて数の感覚を養ったりします。何かを教え込むというより、遊びや日常の中で自然に知識を吸収するほうが、子どもにとっては楽しく、長く記憶に残る学びになります。

④ 学ぶことが大好きな子に育てる

　ちょっと専門的な話になりますが、算数で図形や計算が苦手な子どもの多くは、基本的な定義や性質を覚える前に問題練習を始めてしまう傾向があります。これは、九九を覚えないまま割り算や分数の問題を解かせるのと同じで、結果的に苦手意識を持ってしまう原因となります。算数を得意にするためにも、幼児期から覚えることを楽しむ習慣をつけることが大切です。覚えることを苦にしない子、自ら進んで新しい知識を身につける子に育てることで、算数だけでなく、さまざまな分野での学びに積極的に取り組めるようになります。この意味で私立小学校受験勉強を年少

ぐらいからさせると理解力に加えて記憶力までがアップし、いわゆる「地頭が良い子」になります。ソニー創業者の井深 大さんもおっしゃっていましたが、幼児教育は将来にわたってプラスになるのです。

　算数が得意な子にするために、特別なことをする必要はありません。日常生活の中で必要な知識を自然に教えればいいのです。分数や割り算につながる感覚を生活の中で身につけていれば、それが先取り学習となり学ぶときにすんなり頭に入ります。重要なのは、体験を通じて学びの内容に触れることが先だということです。これを逆にして、いきなり理屈だけを教えると勉強がつまらないものになってしまいます。

　日常生活の中で学びを取り入れること、これが学ぶことを好きにさせる秘訣です。おやつを分けながら数を数えることで、数字の概念を自然と身につけられます。お風呂の時間に楽しく数える習慣をつくり、遊びの延長で学ぶことで抵抗感をなくすこともできます。買い物や日常の会話で数を意識させれば、時計の読み方や計算の基礎も身につきます。

　このように、学びは特別なものではなく、毎日の経験の中に自然と存在しているのです。「知ることが楽しい」と感じた子どもは、新しい知識を積極的に吸収するようになります。学ぶことを当たり前の習慣にすることで、どの分野でも好奇心を持てる子に育ちます。

智慧 29
家族旅行で理科・社会の実体験をする

　理科や社会は学校で学ぶもの、幼児期から教えるのは早すぎる——そう思う方もいるかもしれません。しかし、幼児にとっては日常生活そのものが学びの場です。生活の中で生きる力を育むためにも、日々の体験を通じて、さまざまな知識や感性を親子で共有していきましょう。

　なかでも、子どもにとって学びの宝庫となるのが家族旅行です。幼児は非日常を楽しみながら学ぶ力を持っています。新しく記憶したら、その都度「よく覚えたね」と褒めてあげましょう。褒められると、もっと新しい知識を吸収しようという意欲が生まれます。

　例えば、温泉旅行で、旅行前に親子で下調べをし、一緒にワクワクしながら準備を進めます。歴史や人物、自然環境について教えたり、実際に触れたりする体験を計画します。ただの観光ではなく、歴史や地理、文化、自然に触れられる場所を選ぶことで、興味や知識が広がります。火山活動や高山植物についても、図鑑や教科書の挿絵で覚えるだけでなく、実際に触れたり体験したりすることができれば、学びはより深く心に残るはずです。

　そして、旅行の帰り道では、見聞きしたことをクイズ形式にして親子で出し合い、楽しく復習します。例えば「今回の旅行で見た〇〇はなんだった？」といった形で、自然と学びを定着させることができます。

　こうした実体験を通じた学びが、理科や社会への興味を

引き出し、自然と「もっと知りたい」「もっと学びたい」という気持ちを育てるのです。

　クイズ遊びは旅行の際だけでなく、普段の生活の中でもどんどん取り入れてほしいと思います。例えば「季節クイズ」を山手線ゲーム方式でやります。「春の花」「春の昆虫」「春の行事」「春の食べ物」……と親子でジャンル別に交互に一つずつ言い、次々言っていく。言えなくなったほうが負け、というゲームです。

　こうした体験を通じて、理科や社会は単なる暗記ではなく、自ら学びたくなる教科へと変わります。子どもが実体験を通じて「面白い！」と感じたことは深く記憶に残り、教科書の学びとも結びつきやすくなるのです。

　わが子が将来どういう分野に進むかは分かりませんが、学力の土台として小学校の学習があります。どうせ勉強するなら、しぶしぶ歴史や地理を覚えるのではなく楽しんで学んでほしいと思います。もちろん、世界の地理を学ぶために世界中を旅行するのは現実的ではありませんが、家庭でできる範囲の計画でも十分です。

　どう育てれば勉強が好きになり、自ら進んで学ぶようになるか、どう育てれば、世のため人のために働くことを喜びと感じる大人になるか——こうした問いを大切にし、愛情を注ぎ、学びを与えたいとさまざまな工夫を凝らす親に育てられる子どもは、間違いなく幸せだといえます。

109

「トム・ソーヤー方式」で勉強が楽しくなる

　0〜6歳は、親子で楽しみながら教養を身につけられます。そして子どもに勉強を好きにさせるための大切な時期です。「勉強は嫌なもの、大変なもの、覚えるのが面倒なもの」という先入観を与えてしまってから「勉強しなさい！」と言っても、子どものやる気を引き出すことはなかなかできません。だからこそ、親子で楽しむ工夫が必要です。

　その一つの方法として紹介したいのが「トム・ソーヤー方式」です。この名前は、マーク・トウェインの名作『トム・ソーヤーの冒険』に登場するエピソードから私が名付けました。

　物語の中で、主人公トムは、夏休みのある日、ポリーおばさんに家の板塀のペンキ塗りを命じられます。本当は川で泳ぎたいのに、罰として嫌々ペンキ塗りをしていました。そこへ友人たちが通りかかります。トムは、そのペンキ塗りをいかにも楽しそうに見せ、鼻歌を歌いながら作業を続けます。

　その様子を見た友人たちは「僕もやりたい！」と言い出しますが、トムは「こんな楽しいことを君たちにやらせるわけないだろう」と断ります。断られると、友人たちはますますやりたくなり、ついには宝物と引き換えにペンキ塗りをやらせてほしいと頼みます。トムはもったいぶりながら許可を出し、自分は木陰で昼寝をしている間に板塀は友

人たちの手で見事に塗り終わります。友人たちはペンキ塗りをやらされたどころか宝物まで差し出したにもかかわらず、「楽しかった！　またやりたい！」と笑顔で帰っていくのです。トムは、この作戦で嫌な仕事を自ら進んでやりたいと思わせる仕掛けを成功させました。

この「トム・ソーヤー方式」には、子どもが勉強を好きになるためのヒントがたくさん詰まっています。

① 楽しさを演出する

実際には大変なことでも、「大変」と言わずに「○○のお勉強ってとっても楽しいよ」と言いながら、いかにも楽しそうに取り組んでみせます。その際、その勉強をマスターしたらどれだけかっこいいか、楽しいか、頭が良いと思われるか、便利かなどを語ってあげましょう。

② 自発的な意欲を引き出す

子どもが「その勉強をやりたい」と言うように仕向け、「そんなに言うならやらせてあげてもいいけど、自分から『お勉強をやりたい、やらせてほしい』と言い出したのだから、途中で『やっぱり嫌だ』とか『お勉強したくない』なんて言わないでね。約束できる？」と問いかけます。約束できたら、「それじゃあ、やってみようか」と進めます。

111

③ 励ましとサポート

　トムが友人に任せている間に昼寝をしていたのとは違い、親は日々子どもの勉強に取り組む様子を見ながら、励ましたり褒めたり、時にはなだめたりしながら、子ども自身が「〇〇のお勉強大好き！　楽しかった！」と自分から言うように導いていきます。

　強制されるよりも、自発的に学んだほうが学習効果は高まります。勉強は子どもの心の状態が大きく影響するのです。子どもに何かをやらせたいときは、子ども自身の口から「〇〇をやりたい」と言わせるようにお膳立てをします。これが「トム・ソーヤー方式」です。

　この方法は勉強だけでなく、日常の習慣付けにも応用することができます。例えば、片付けが苦手な子どもには、「お片付け競争をしよう！」と声をかけ、ゲーム感覚で取り組ませるのもよいです。また、「〇〇できるのはすごいことだよ」と伝えることで、自信を持たせられます。

　子どもは自分から言い出したことは、簡単にはやめません。難しいことを難しく伝えるのではなく、難しいことを簡単に、そして「こんなに簡単だよ」と見せる工夫が大切です。まずは「楽しい」と感じさせること。「これ、楽しいよね。できたらすごいよね」と伝えると、子どもは素直に「楽しそう！　私も（僕も）やりたい！」と言い出します。

ほかの子どもと比べない

　子どもによって成長のスピードはさまざまです。ほかの子どもと比べて「うちの子は遅い」「うちの子はダメだ……」と焦ってしまったり、「お兄ちゃんはすぐできたのに」などと言ってしまったりすることがあるかもしれません。

　しかし、そういった比較は禁物です。比較されると子どもは萎縮したり、ひねくれたりしてしまいます。

　少し前のわが子を思い出して、例えば３カ月前はどうだったかを考えてみてください。２〜３カ月前と現在を比べると、何かしらの成長が見えてくるはずです。できなかったことが少しでも進歩しているなら、それは立派な成長です。この進歩こそが大切です。ほかの子ではなく、自分の子どもの過去と現在を比べて、その成長を認め、褒め、評価しましょう。

　子どもの成長は、まるで「無限らせん階段」のようなものです。一見すると同じことを繰り返しているように見えますが、確実に少しずつ高いレベルへと上っています。

　また、子どもによって成長のスピードは異なります。ほかの子どもと比べて「うちの子は遅い」と感じてしまうことがあったとしても、比較することに意味はありません。子どもが頑張っているところだけを見て褒めてあげることで、着実に子どもは成長していきます。

3×7＝21学習法

「うちの子は学んだときにはできていたのに、1〜2カ月もするとすっかり忘れてしまう」と悩んでいる人がいました。その子が特別忘れやすいのではありません。せっかく学んだことは覚えておいてほしいのに、子どもはすぐ忘れてしまいます。

人間は、新しい知識や技術も、日常生活で頻繁に使わない限り、復習を繰り返さないと忘れてしまうのが普通です。例えば、高校受験を考えると分かりやすいです。中学1年で地理を学び、中学2年で歴史を学んでも、受験直前に復習をしなければ多くを忘れてしまいます。そのため、受験指導塾では中学3年になってから地理や歴史、公民の総復習を行います。

新しく学んだ知識、技術がその後も使うものであれば忘れないものです。例えば、小2で学ぶ九九はその後も一生役立つものです。そのため、初めにしっかり覚えれば忘れはしません。しかし、その場でやったきりで普段の生活であまり使わない知識は、その後繰り返し復習をしないと、どこかにいってしまいます（※エビングハウスの忘却曲線理論）。

そこで私は「3×7＝21学習法」を提唱しています。「3×7＝21学習法」は、1日3時間、1週間で21時間勉強するという意味ではありません。復習を3日目、7日後、21日後を目安にやるという意味です。1回目は学んだ内容を授業から3日以内に復習します。このタイミングで復習す

ることで、学んだことをまだ覚えている状態で確認でき、記憶が深まります。2回目は7〜9日後にもう一度復習を行います。この期間をあけた復習によって、忘却を防ぎます。3回目は21〜23日後に復習を行います。この段階で復習することで、知識が長期記憶として定着します。

「間をおいた反復」を取り入れることで、子どもが苦手な内容にも無理なく取り組めるようになります。

記憶力が高い子どもに対しては、同じ問題を繰り返すのではなく、類題演習を取り入れるのも効果的です。例えば、1回目は学んだ内容をそのまま復習し、2回目で同じ考え方で解ける数値を変えた問題を解きます。3回目ではさらにひねりを加えた応用問題を解きます。

このように段階を踏むことで、記憶力だけでなく応用力もしっかりと育ちます。

「3×7＝21学習法」は、間をおいて反復によって記憶を定着させるだけでなく、学ぶ楽しさを教える学習法です。この方法を取り入れることで、子どもの学びはより確実なものとなり、努力が成果として実を結ぶようになります。

※ドイツの心理学者、ヘルマン・エビングハウスは、記憶は時間の経過とともに減少する。復習をしない限り、多くの情報が忘れられてしまうと提唱しました。これをエビングハウスの忘却曲線理論といいます。

親も一緒に答え探しをする

「なんで空は青いの?」「なんで氷は冷たいの?」「なぜお父さんは大きいの?」……などさまざまな質問が多発する「なぜなぜ期」。目に映るすべてに「なんで?」「どうして?」と聞かれるたびに負担を感じることもあるかもしれません。

子どもが「なぜ?」と聞くのは、「もっと話したい」「もっと知りたい」という純粋な好奇心と、コミュニケーションへの欲求という2つの理由があります。

純粋な好奇心からくる「なぜ?」「どうして?」を大切にすることで、将来の学びや探究心につながります。「そんなことを聞いてどうするの?」と突き放さず、「よく気づいたね」と褒めることで、子どもの成長を応援できます。疑問を抱くこと自体が、学びの最初の一歩です。

すべての「なぜ?」に答える必要はありませんが、対話を楽しみながら子どもの疑問に寄り添うことが、成長を支える大切な土台になります。この時期のやりとりは、子どもの学びの姿勢や親子の関係に大きな影響を与えるものです。説明不足が「なんで?」を誘発する場合もあるため、日頃から親のほうから先回りして「これがこうなる理由だよ」と伝えてあげると、子どもが安心して納得しやすくなります。「なぜ?」を繰り返す子どもは、話を聞いてもらえると嬉しくなります。早く言葉を覚えた2〜3歳の子どもがおしゃべり好きになるのも、その喜びの表れです。こ

の時期に「うるさい」と否定せず、「すごいね」と褒めることで、言葉や探究心をさらに伸ばせます。

　子どもが求めているのは、ただ答えを教わるだけではなく、親と一緒に考え、話し合う時間です。答えが分からないときは、「一緒に調べてみよう」と声をかけるだけでも、子どもは安心感を得られます。図鑑を開いたり、ネット検索をしたりする共同作業を通じて、「説明してもらえた」「話を聞いてもらえた」という経験が子どもの心を満たします。

　現代では、共働きの家庭が多く、親はみな忙しい毎日を送っています。しかし、忙しさを理由に子どもとの対話をおろそかにするのは、子どもにとって寂しいことです。

　仕事や家事に忙しい毎日の中で、新たに時間をつくるのは簡単ではないでしょうが家事分担を変えるなどして、それぞれの家庭に合わせてタイムマネジメントを工夫しましょう。

　0〜6歳の時期は子どもの成長が著しく、親にとっても大きな喜びを感じられる時期です。子どもの言葉や行動に耳を傾け、驚きや喜びを共有しながらともに過ごす毎日が、親子の絆を深めます。対話の積み重ねが、子どもにとっての安心感となり、将来の力の土台になるのです。「なぜなぜ期」を、親子の対話を深める貴重な機会としてとらえることで、親自身も新たな発見を得られるはずです。

117

智慧 34 初めから正しい答えを導き出せるようにする

　少し早いと思われるかもしれませんが、小学校に入学する前にぜひ覚えておいてほしいことがあります。それは学習の仕方の大切さです。

　小学生の中には毎回のテストでうっかり勘違いやケアレスミスをしてしまう子どもが多くいます。対策として、親は怒らず「惜しかったね」と声をかけ、「どうすれば次はミスを防げるか」を一緒に考えることが大切です。

【　学習法の基礎として覚えておきたいこと　】

1）答えを書く前に問題文で求められている単位や条件に線を引き、それを確認してから答えを書く
2）途中式を丁寧に書き、計算過程をチェックしやすくする
3）答えを書く前に、求められている内容と自分の答えが一致しているかを確認する

　これらを繰り返し実践することで、無駄なミスが減り、正確な答えを導けるようになります。

「見直しでなんとかなる」という考え方は誤りです。計算ミスや単位ミスは、実は本人がその場で見直しただけでは根本的には防ぎきれないものです。解答を書いた本人が見直ししても「正しい」と思い込んでいるために見逃してし

まうのです。

「ケアレスミス」という言葉は、軽い印象を与えがちですが、ケアレスミスが多い場合はミスをなくすため勉強法を見直す必要があります。どこで間違いが起きているのかを分析し、そこからやり直さなければなりません。最初からミスをしにくい方法で問題を解く練習をすることが、ミスを減らす唯一の方法です。

学年が進めば進むほど、基礎に戻ってやり直すのがどんどん大変になります。ごく早い時期から基礎をしっかり学び身につけておくと意識することが大切です。つまり、基礎となる低学年での学習姿勢が大きく影響します。

「分かる」と「できる」は違います。

子どもに何かを教えるとき、「分かった」と言われると、親はつい安心してしまいます。しかし、「分かる」と「できる」には大きな違いがあります。「分かる」というのは、頭の中で理解しただけの段階です。一方で、「できる」は、それを実際の行動に移し、身につけている状態を指します。この二つの間には大きな壁があるのです。

例えば、自転車の乗り方を教えるとします。子どもが「ペダルをこいでバランスを取ればいいんだね」と理解したとしても、それだけでは自転車には乗れません。実際に練習を重ねて、何度も転びながらもバランスを取るコツを

体得し、初めて「できる」ようになります。この過程を経験しない限り、ただ「分かった」だけでは前には進めないのです。この「分かる」と「できる」の間の差を埋めるのが、繰り返しの練習です。

　学習や生活習慣も同様です。例えば九九を覚える場合、「２×３＝６」を言えるだけでなく、実際の問題でそれが自由に使えるようになることが「できる」状態に当たります。「掛け算は同じ数を何回も足す計算と同じだ」と理解するだけでは、まだ「分かった」の段階にすぎません。実際に九九を暗唱し、計算に使えるようになるには、繰り返し練習する過程が欠かせないのです。

「分かった」から「できる」に変わるまでの過程を根気強く見守ってあげてください。一度や二度の失敗で叱るのではなく、「もう一度やってみよう」「こうしてみたらどうかな」と声をかけ、挑戦を促すことが大切です。何度も練習し、ようやく「できた！」という実感を持つことで、子どもは自信を深め、次の挑戦への意欲を育てていきます。

　子どもの「分かった」を「できる」に変えるためには、親自身も「分かった」と「できる」の違いを意識して子どもを見守ることが大切です。練習を続けることで、学びが習慣化し、子どもは嫌がることなく取り組めるようになります。一度身についた習慣は、学力の基盤となり、勉強への自信や意欲を育てます。

やる気はお金では買えない

　勉強や習いごとなどをせっかく始めたのに子どもがやる気を失ってしまうことがあります。やる気はお金では買えません。どれほど高額な塾や家庭教師を利用しても、子どものやる気を引き出すのは親子の日々の関わり方次第です。子どもがやる気をなくしているときは子どもと一緒に子どもの良いところ（長所）を親子で話し、たくさん書き出していきます。そして、「なんでも、やればできる」というプラスの発想（考え方）を、一緒に確認しましょう。そして、直面している課題（壁）の解決策を親子で考えましょう。

　つまり、「こんなにたくさんの良いところを持っているあなただから、やればできるよ。できない理由はもういいから、どうすればできるか一緒に考えてみよう」作戦です。子どもがちょっとやる気が出てきて、努力しようと自分で半歩でも進んだら、すかさずめちゃめちゃ褒めましょう。結果を待たずに努力しようとしただけでも褒めちぎります。そして実際に努力したらもっと褒めます。この繰り返しで子どもは自らやる気を出します。

　また、目標を共有できる友人や仲間の存在も大切です。互いに刺激し合い前向きな気持ちを取り戻すきっかけになります。こうした環境を整えてあげることも親として子どもをやる気にさせるポイントです。

音読が学力の基礎を創る

　長年の塾教師としての経験から、小さい頃から音読や計算を習慣的に行ってきた子どもは、記憶力や創造力、学習力が高くなると感じています。東北大学の川島隆太医学博士も、音読や計算が子どもの脳に良い影響を与えると提唱されています。

　しかし、現代の学校教育では、これらはあまり重視されていません。学力の二極化が進む時代において、学校任せにせず、親が子どもの学びの環境を整えることが大切です。

　音読は親子で取り組むと、より効果的です。親が楽しそうに読む姿を見せることで、子どもも自然と興味を持つようになります。また、親が聞き役になり感想を伝えると、子どもは自信を持ち、学びを継続しやすくなります。

　同じ文章を繰り返し読むことも重要です。言葉のリズムが身につき、理解が深まるのです。例えば、音読を録音して聞き返すことで、成長を実感でき、表現力の向上にもつながります。こうした習慣が、学びの基礎を築くのです。

　かつては、公立小学校でも熱心な先生が「毎日５分間以上、家族の前で朗読すること」を宿題とするなど、子どもに音読をさせる工夫をしていました。しかし、現在ではその指導が十分に行き届かなくなり、教科書をすらすら音読できない子どもが増えているそうです。

　普段から本を読まない子どもは、目で文字を追って音読

すべての子どもが生まれつき持っている向上心を伸ばす
進んで学ぶ賢い子に育てる智慧　第３章

する力が育ちません。つっかえながらしか読めないため、
１回読んだだけでは内容を理解できません。黙読でもス
ムーズに読めず、国語の長文読解どころか算数の文章題で
も意味を取れなくなります。

　しかし、そうした子どもの親に限って「中学生になれば
自然と読めるようになる」と楽観的に構えているようで、
できない子は努力を怠ることでさらにできなくなり、でき
る子は努力することでますます能力を伸ばしていきます。
こうして中学１年生から学力の二極化が始まるのです。

　音読はすべての教科の基盤となる読解力を育てます。文
字が読めるようになったら、まず音読を習慣付けましょ
う。

　音読の魅力は、五感を使った学びにあります。文字を目
で見て、声に出し、自分の声を耳で聞くことによって、日
本語の正しい文章が自然と頭に入り、語彙力や作文力が育
まれます。さらに、音読を毎日続けることで理解力も向上
し、学びの基盤がしっかりと築かれていきます。

　音読ができるようになったら、さらに進んで次は朗読を
教えましょう。文字を声に出して読む音読に対し、朗読で
は感情を込め、場面や登場人物の気持ちに合わせた表現力
を伴います。例えば、驚きの場面で「あ、びっくりした
（棒読み）」ではなく、「ああっ、びっくりした！」と感情
豊かに読むことで、言葉が生きたものになります。

123

智慧 37 単純作業で脳を活性化する

　大人にとって単純作業は退屈でつまらないものというイメージがありますが、0〜6歳の子どもにとって、単純作業は脳を刺激し成長させる絶好のチャンスです。

　一見地味に見える活動でも、手先の器用さや集中力を養う、図形認識能力を高める、IQの向上にもつながるなどさまざまな効果があります。特に、日常生活の中で切る・塗る・貼るといった簡単な作業を繰り返し行うことが、脳の発達に良い影響を与えます。

　例えば、次のような活動を普段の自宅での遊びに取り入れてみましょう。

【 IQを向上させる遊び 】

- 点つなぎや線つなぎ
- 書き込める迷路
- ジグソーパズル（18ピースから始めて徐々に難易度を上げる）
- 塗り絵
- 有孔ボード遊び（穴に紐を通す作業）
- 数遊び（箸やおはじきを数える）
- 切る・貼るといった工作
- なぞり書き
- 積み木遊び

すべての子どもが生まれつき持っている向上心を伸ばす
進んで学ぶ賢い子に育てる智慧　第 3 章

　点つなぎや線つなぎは、視線を動かし、目と手の協調性を高める効果があります。迷路遊びは、道筋を考えながら進むため、問題解決能力や集中力が養われるのです。また、ジグソーパズルは形の認識力を鍛えながら、試行錯誤を通して思考力を伸ばします。ピースの数を徐々に増やしていくことで、達成感を得られ、粘り強さも身につきます。さらに、塗り絵は指先のコントロールを必要とし、色彩感覚や創造力を育むことにつながります。

　ほかにも有孔ボード遊びは、指先を繊細に動かすため、集中力と手先の器用さを鍛えるのに最適です。数遊びでは、具体物を数えることで数字の概念が理解しやすくなり、算数の基礎が育ちます。工作では、紙を切ったり貼ったりする作業が、空間認識能力や創造力を伸ばすのに役立ちます。なぞり書きは、文字や数字の形を覚えるうえで、運筆力を養い、書く準備につながります。積み木遊びは、バランス感覚を鍛えるとともに、試行錯誤しながら論理的思考力を育てます。

　これらの活動が、子どもの脳を活性化させ、学びの基盤をつくる重要な役割を果たします。難易度を少しずつ調整しながら取り組むことで、子どもは達成感を得られ、意欲を引き出すこともできます。

125

智慧 38

良い本こそ買って手元に置いておく

　本を買うことには大きなメリットがあります。自分の本だからこそ、何度でも読み返したり、気になる箇所に線を引いたり、自由に使えます。読んだあとには、しっかり褒めてあげることが大切です。「よく読んだね、偉いね。また本を買いに行こうね」と声をかければ、子どもはさらに読書に意欲を持つでしょう。もちろん、通販で本を買うこともできますが、実際に書店で本を手に取りながら選ぶ体験は、子どもにとって特別な時間になります。

　一度に大量に本を買い与えるのは逆効果です。「これが小学校1年生が読むべき本だよ」といきなり30冊を見せられたら、子どもは圧倒されてしまいます。子どもにとって大切なのは、親と一緒に本を選ぶ過程です。その体験が読書の楽しさや喜びを教える第一歩になります。子どもが本を好きになるためには、本を選ぶという体験そのものを楽しいものにすることが大切です。

「読んでほしい本リスト」はネットや塾などで参考になる情報を探すことができます。信頼できる情報を活用しながら、子どもにとって本当に良い本を手元に置いてあげてください。本を選ぶ楽しさが、読書好きの子どもを育てる大きなカギとなります。

　子どもが本を好きになり、たくさん読むようになると、読みたい本のすべてを買いそろえるのは難しくなります。そんなときに便利なのが市区町村などの図書館です。本好

すべての子どもが生まれつき持っている向上心を伸ばす
進んで学ぶ賢い子に育てる智慧　第 3 章

きな子どもにとって図書館で好きな本を選んで、その場で読んだり借りたりするのは、とても楽しい時間です。

　図書館で本を借りるときは「図書館の本だから大切に扱おう」「期限を守って返そう」と教えるよい機会です。また図書館では、公共の場でのルールや他者への配慮を教えることができます。閲覧室で子どもが「おなかすいた」「これどう読むの？」と大きな声を出してしまうこともあるかもしれません。そうしたときに、「静かに本を読む自由が周りの人にもあるんだよ」と伝えましょう。

　図書館で多くの本を手に取るうちに「この本は繰り返し読ませたい」と親が思う特別な本が見つかるかもしれません。図書館で本を借りながら、繰り返し読みたい本を手元に置く。そうした工夫が子どもにとって本をより身近な存在にしてくれるはずです。

「子どもに漫画を与えていいのか」という質問を受けることがあります。結論からいうと、漫画は禁止ではありません。私も好きな漫画があります。

　ただ、読書習慣をつけるという意味では幼児には漫画を読ませる前に、まず本の楽しさを味わう経験をさせるのが望ましいです。本は文章だけを頼りに情景を想像する楽しみがあります。小説や物語を読むときに、頭の中で登場人物や場面を思い浮かべることは、子どもにとって想像力を育てます。しかし、漫画には絵があり、その絵がストー

リーを補完してくれるため、この想像力を働かせる機会が減ってしまいます。同じ理由で、映像を楽しむテレビやアニメも、想像力を必要としない点で同じような特徴があるといえます。

絵で補完するというと「じゃあ絵本もダメなの？」と思う方もいるかもしれません。しかし、絵本はよいのです。漫画と絵本とは読み方が異なります。漫画は絵がストーリーを進める要素として大きな比重を占めていますが、絵本はそうではありません。文章に合わせて挿絵があり、その絵が文章の核心を補う役割を果たしています。それが文字を読んで頭に内容が浮かぶ感覚を身につけることを助けるのです。

特に６歳までの幼児期は、絵本の挿絵を見せながら文字を追うことで、文章の内容が頭の中に絵として浮かぶ感覚を身につけましょう。年齢が上がるにつれて挿絵の割合が減り、文章が中心になっていくのは自然な流れです。

本と漫画のどちらも楽しむ力を育てることが理想です。小学校２～３年生になれば、『はたらく細胞』（清水 茜・講談社）のような、身体の仕組みを楽しく学べる漫画、歴史の流れをつかむのが最適な『日本の歴史』といった漫画が楽しめるでしょう。漫画も良いものがたくさんありますが、幼児の読書習慣の第一歩としては、まず本の世界に親しむことを優先してください。

先に学ぶ楽しさを体験させる

　子どもが勉強を嫌いになる理由の一つに、幼児期にゲームやYouTubeなどの楽しさを先に知ってしまうことがあります。親がスマホやタブレットを与え、楽しい遊びを覚えさせたあとで「遊んでばかりいないで勉強しなさい」と叱れば、子どもは当然反発します。勉強の楽しさを知る前に遊びの楽しさを覚えさせてしまい、その後に禁止するのでは、勉強が嫌いになるのも無理はありません。

　YouTubeの最大の問題は、「終わりがない」ことです。一つの動画が終われば、関連動画が次々に表示され、際限なく視聴できる仕組みになっています。テレビなら「ドラえもんは30分でおしまい」と親が時間を区切ることができますが、YouTubeでは子どもが操作を覚えてしまうと、いくらでも見続けられます。自制心が未熟な子どもにとって、これは大きな問題です。

　本と比べてもYouTubeは刺激が強く、子どもの集中を奪います。特に短い動画は次々と再生されるため、子どもは目の前の映像に夢中になります。この習慣が続くと、本を読むのが面倒になり、長い文章に集中できなくなるのです。YouTubeばかり見ていると、言葉から内容を理解する力が育たず、文章を読むことへの抵抗感が生まれます。

　「YouTubeを見せない」のではなく、「学びの時間を優先させる」意識が重要です。親が動画視聴の時間を管理することで、学ぶ習慣を自然と身につけられるのです。

また、ゲームも同様に、強い魅力があります。勉強の楽しさを知る前にゲームを教えてしまうと、優先順位が逆転し、勉強に対する興味を失わせる原因になります。ゲームを我慢して勉強しろと言われることで、「勉強はつまらない」と感じるようになるのです。

　幼児期にスマートフォンやタブレットを自由に使わせるのは非常に危険です。親が管理することなく与えると、子どもは楽しさに夢中になり、学びへの意欲をそぐ結果になりかねません。教育的な動画であっても、親の目の届く範囲で決められた時間だけ見せる必要があります。

　アップル社の創業者スティーブ・ジョブズが自分の子どもにiPhoneやiPadを与えなかったという有名な話があります。自らが開発した製品であっても、その影響を深く理解し、使用を制限したのです。親が責任を持ってデバイスの利用を管理すべきだという証拠だと私は思います。

　勉強を好きにさせるには、学びの喜びを味わわせることが大切です。幼児期にゲームやYouTubeを先に教えるのではなく、勉強を通じて「やればできる」という達成感や成長を体験させるのです。

　そうすれば、子どもは勉強が好きになり、進んで学ぶ賢い子になります。

鉛筆の正しい持ち方は4歳まで

　2〜4歳頃にはお絵かきや塗り絵をすることが多いでしょう。この時期に、「まだ文字を書くわけではないから」といって鉛筆や色鉛筆の持ち方を教えないのはおすすめできません。なぜなら、不適切な持ち方でお絵かきをしていると、その癖が定着してしまい、あとで直すのが非常に難しくなるからです。

　きれいな字を書くためには、運筆力を養うことが大切です。運筆力とは、自在に鉛筆を動かす力のことを指します。この力を伸ばすために最も重要なのは、「正しい鉛筆の持ち方」を身につけることです。

　正しい持ち方には理由があります。昔から伝わる鉛筆の持ち方は、文字を美しく書きやすいだけでなく、手が疲れにくいように考えられています。この「持ち方」は一生使うスキルですので、早い段階で教え、定着させることが大切です。

　もしすでに癖がついてしまっている場合は、以下の手順で修正を進めるとよいでしょう。

① 意欲を引き出す

　子ども自身が「正しい持ち方を身につけたい」と思うことが第一歩です。そのためには、前向きな声かけを意識しましょう。例えば、「こんなふうに持つと絵がもっと上手に描けるんだって！」や「正しく持てると、すごくかっこ

いいって言われるよ！」といった言葉で興味を引き出します。一方で、「そんな持ち方だとみんなに笑われるよ」といった否定的な言葉は避けてください。

② 正しい持ち方を教える

1週間を「色鉛筆を正しく持つ練習週間」として、集中的に取り組みます。対面ではなく子どもの左手側横に座り、親の手元が子どもから見える位置で教えます。まずは親が正しい持ち方を実演して見せます。もし、この時点で子どもがまねして正しく持てたら大いに褒めます。難しい場合、手を軽くアシストしながら、何度か正しく持たせます。このときも「ほら、自分でできたね！」と成功体験を強調します。その後、正しい持ち方で、子どもが好きなお絵かきや塗り絵をさせます。

この練習を根気よく毎日続けることで、徐々に正しい持ち方が定着していきます。ただし、定着する前に気を抜くと、元の癖に戻ることがあるため、定期的に確認しながらフォローを続けましょう。場合によっては鉛筆ホルダーを使用するのも効果的です。できるだけ早い段階で指導を始めることが重要です。

幼児期には、鉛筆を正しく持ち、ハサミやほかの道具が使えることが重要です。〇、△、□、×といった基本的な図形が描けることや、まっすぐ線が引けることを目指します。文字については、まず自分の名前が書ければ十分です。市販の塗り絵やなぞり絵を活用して、鉛筆や色鉛筆を

正しく持つ回数を増やすことが運筆力の向上につながります。繰り返し練習することで、子どもは自分の思いどおりに線を引いたり、色を塗ったりできるようになります。

　ハサミを使えるようになるのは、子どもにとって成長の大きな一歩です。子ども用の安全なハサミを準備し、指がハサミの動きに合わせて動かせるようになったら、使い方を教えてみましょう。ただし、ハサミを使うときには必ず大人がそばで見守りましょう。適切に管理しないと、思わぬ事故につながることがあります。

　ハサミの練習には、身近な広告チラシを活用する方法があります。例えば、車の写真や食品、人物の写真などを切り抜くことで、子どもが興味を持ちながら楽しめます。切り抜いた写真をスケッチブックに並べて糊で貼り付ければ、作品が完成します。さらに、街並みを描いて車を配置したり、食品を並べてお店屋さんごっこを楽しんだりと、アイデア次第で自由な創作が広がります。

　最初は、大人がやり方を見せて、具体的に教えてあげます。その後、子どもに挑戦させてみましょう。巧緻性を育てるためには、焦らず、うまくできないときはコツを教えながらサポートすることが大切です。時には、大人が7〜9割手伝ってあげます。

　ところで、左利きを右利きに直させるべきでしょうか。かつては、子どもが左利きだと厳しく矯正するのが当たり前でした。左手で箸を持つと親に叱られ、無理に右手を使わせたりしたものです。しかし、現在では左利きの矯正を

どうするかは家庭ごとの方針次第です。

　私自身は、無理に左利きを矯正する必要はないと考えています。ただし、左利きにはいくつか不便な点があるのも事実です。例えば、英語の筆記体を書くときに紙を傾ける必要があったり、試験会場で隣の人と肘がぶつかりやすかったりします。また、食事の際に箸やスプーンなどがぶつかることもあります。右利き用の普通のハサミだとうまく切れません。こうした不便さを考慮して、矯正を希望する親がいるのも理解できます。

　もし矯正するなら、鉛筆や箸の持ち方を教えるタイミングがいちばん適しているでしょう。その時期に自然な形で右手を使う練習を始めると、無理なく習慣化できるはずです。最初は右手で物を書く際に筆圧が弱くなることもありますが、繰り返し練習するうちに徐々に慣れ、筆圧もしっかりしてきます。

　ただ、矯正をする場合も子どもに過剰なプレッシャーをかけないようにすることが大切です。鉛筆や箸だけ右手を使い、そのほかは左手のままという選択肢もあるでしょう。左利きを矯正するかどうかは親の判断次第ですが、何よりも大切なのは、子どもの成長を優しく見守り、その個性を尊重しながらサポートする姿勢です。

134

智慧 41 何事も正しい姿勢で

　私が尊敬する教育者・哲学者が「国民教育の師父」ともいわれる森 信三先生です。森先生は、人はどう在るべきかを生涯にわたって研究し続け、立腰について多くの教えを残されています。

「つねに腰骨をシャンと立てること——これ人間に性根の入る極秘伝なり」「人間は腰骨を立てることによって自己分裂を防ぎうる」「腰骨を立てることは、エネルギーの不尽の源泉を貯えることである」などと、表現を変えながら、身体を正して腰骨を立てることの大切さを繰り返し伝えています。

「腰骨を立てる」には、2つの重要な意味があると私は考えています。どちらも、子どもの成長にとって欠かせないものです。

① **文字どおり姿勢を整えること**

「腰骨を立てる」とは、具体的には「丹田（へその下）を前に突き出すように腰を正し、背筋を伸ばし、胸を軽く張る姿勢をとること」を指します。この姿勢をとることで自然と腹式呼吸ができるようになり、心が落ち着き、集中力が高まります。結果として勉強や仕事がはかどるのです。

　剣道や居合道では、腰を正しく立てなければ技に力が入りません。茶道や華道でも、背筋を伸ばした正しい姿勢が求められます。さらに、仏教の座禅においても、腰骨を立

てることが基本です。このように、正しい姿勢は集中力と
美しさを生み出し、心身の調和をもたらします。

② 物事への取り組み方

もう一つの意味は、「何事にも正々堂々と渡り合い、本
気で努力する姿勢」を指します。「逃げ腰」とか「腰が引
けている」という表現がありますが「腰骨を立てる」こと
ができていない状態では、どんな挑戦も成功にはつながり
ません。物事に逃げ腰で臨むのではなく、全力で立ち向か
う心構えが必要です。これは剣道や柔道などの武道をイ
メージすると分かりやすいでしょうか。腰が引けていると
簡単に負けてしまいます。

親が「腰骨を立てる」習慣を子どもに教えることで、子
どもは正しい姿勢だけでなく、物事に対する姿勢も改善さ
れます。実際にこれを試してみれば、半年もしないうちに
その効果を実感できるでしょう。

「腰骨を立てる」ことには、姿勢と心、両方を整える大切
な意味があります。正しい姿勢を保つことで集中力が増
し、学ぶ意欲や落ち着きが育まれます。また、物事に正面
から向き合う姿勢が、困難に立ち向かう力を強くします。
姿勢を意識する習慣を身につけることで、心も前向きにな
り、さらに子どもの自尊心を育てることができるのです。

智慧 42

子どもの器を大きくしよう

　0〜6歳は、子どもが急激に成長する時期です。身体や脳の成長に伴って、子どもの知識を吸収する力もどんどん大きくなります。

　せっかく授かった子どもですから、その能力を最大限に引き出し、「世の中になくてはならない人」として育てたいと願うのは親として当然のことです。その結果、子ども自身も幸せになり、親としても子育てを通じて社会に貢献できるのです。そのためには親子で見聞を広め、人間としての器を大きくしてあげましょう。

　器を大きくするためには、子どもの見聞を広げることが大切です。日常の出来事は成人する頃には忘れてしまいがちですが、非日常の出来事は心に深く刻まれることがあります。そこで、意識的に子どもを非日常の世界に連れて行き、子どもの見聞を広めましょう。

　例えば、子どもが消防車や救急車に興味を持ったら、絵本やおもちゃだけではなく、実際に消防署を訪れてみましょう（消防署は年中無休で24時間運営されていますが、訪問する際は消防士の方々の仕事の妨げにならないよう、配慮した時間帯を選びます）。消防車を間近で見せてもらうことで、子どもに大きな刺激を与えることができます。運が良ければ、消防士の方が直接話をしてくださることもあるでしょう。かっこいい消防士の方とこんな会話ができるかもしれません。

子ども：「どうして消防士になったんですか？」
消防士：「みんなを火事や急病から守る仕事をしたいと思ったからです」
子ども：「夜中も働いて、大変じゃないですか？」
消防士：「大変なときもあるけど、それが自分の仕事です。大変だからと誰もやらなくなったら、みんなを守る人がいなくなってしまうでしょう？」

　こうしたやりとりを通じて、子どもは「自分の仕事に誇りを持ち、使命感を持って働く素晴らしい人がいる」ということを学びます。消防士だけでなく、警察官や自衛官、海上保安官など、社会に欠かせない仕事に携わる人々も同じです。彼らは個人の損得を超えて、公共のために危険を顧みず働いています。このような人々がいるおかげで、私たちは安全に暮らせているという事実を子どもに教えるのは親の役割です。
　子どもの器を広げ、立派な人に育てることは、子どもの幸せだけでなく、親としての社会貢献にもつながります。そして、「どんな仕事も社会にとって必要不可欠であり、人々の役に立っている」ということを伝えましょう。

智慧 43
最高の結果でなくても努力はムダにならない

　世の中は思いどおりにいかないことが多いです。「成功しているのはほんの一握りの恵まれた人間」「夢なんて実現できない」「努力しても意味がない」と考える人もいるでしょう。だからといって、子どもに「努力しても無駄」と教えることは間違っていると考えます。

　なぜなら、最高の結果を得られなくても、目標を持って努力することで人は成長するからです。失敗を経験し、そこから反省して学ぶことで進歩するのです。

　山頂を目指して登り始めて、残念ながら山の頂上には到達できなかったとします。でも、中腹までは登れたら、それだけで自分の位置が大きく変わります。まったく山を登る努力をしないよりは、少しでも登ることで視界が広がるのです。みんながみんな頂点には立てないかもしれませんが、それぞれがまったく努力しなかった場合よりも高い位置に行ける、私はそれが大切だと思います。

　例えば、ノーベル物理学賞を受賞した湯川秀樹博士のことを考えてみてください。彼は生まれた瞬間から物理学の知識を持っていたわけではありません。研究を重ね、学び続けることで新しい発見を積み重ね、努力の結果としてノーベル賞を手にしたのです。

　スポーツ選手の活躍も努力の賜物です。生まれつき野球ができる人はいません。例えば、大谷翔平選手のような一流選手も、日々の練習を積み重ねた結果として成功を手に

入れました。

　よく「才能があるから成功した」といわれますが、本当は努力なしに成功した人などいないのです。

　私は子どもたちに、「目標を持って努力することは素晴らしい」と伝えたいです。もちろん、努力をすれば全員が同じレベルに到達するわけではありません。資質や環境によって努力の結果がどうなるかは異なります。しかし、目標を持って努力を続けていけば、必ず現状より進歩することができます。つまり、努力をしなかった場合よりは、必ず良い未来が待っているのです。

　例えば、ある人が国立大学医学部を目指し、懸命に努力しましたが、結局合格できませんでした。国立大学医学部は最難関ですから無理もありません。その人は結局薬学部に進みました。そして大学卒業後は、製薬会社の研究室で新しい薬の開発に携わり、開発した薬は多くの人々の命を救いました。彼は医学部にこそ進めませんでしたが、世の中に役立つ大きな仕事に携わることができました。彼がもし「どうせ第1希望に受からないだろうから努力しない」としたらどうなっていたでしょうか。懸命な努力があったからこそ別の道が開けたのです。

　人生は最初からすべてが決まっているわけではありません。目標を持ち、懸命に努力することで未来が開けることもあります。だからこそ、0〜6歳のうちに努力する姿勢を育むことが大切だと思います。

すべての子どもが生まれつき持っている向上心を伸ばす
進んで学ぶ賢い子に育てる智慧　第 3 章

第 3 章のまとめ

❶ 頭の良さは記憶力・集中力・理解力・観察力・創造力の総合力。

❷ 記憶力、集中力は習慣で鍛えられる。

❸ 理解力は知識を蓄えることで向上する。

❹ 観察力は会話しながらスケッチすることで向上する。

❺ 創造力を伸ばすためには脳内に知識のデータベースが必要。

❻ 本人がほんの少しでも努力をしたら大げさに褒める。

❼ 日常生活や普段の遊びに子どもを伸ばす要素がたくさんある。

❽ 最高の結果を目指すことで、「その子にとっての最高」に到達できる。

第 **4** 章

尊敬され、社会に求められる人は
「心」が育っている
他者を思いやれる優しい子を育てる智慧

智慧 44 やる気×方向性×実行力＝成功

　私はよく子育ての公式は「やる気×方向性×実行力＝成功」だと子どもを持つ親に伝えています。

　やる気があるだけでは十分ではありません。正しい方向に子どもの努力を向けることが重要です。間違った方向へ努力してしまうと、時間やエネルギーを無駄にしてしまいます。子どもが何かに取り組むときには、親が適切なアドバイスをすることが大切なのです。しかし、このとき親がすべて決めてしまうのではなく、子ども自身が考え、選択する機会を与えます。そうすることで、自ら考え行動する力が育ち、やる気と方向性のバランスが取れるのです。また、やる気や正しい方向性があっても、実際に行動しなければ何も変わりません。

　人間は常にモチベーションが高いわけではありません。「よし、やるぞ！」とモチベーションが高いときもあれば、どうしても気分が乗らないときもあります。しかし、やる気がどれだけあっても、方向性を間違えれば結果は出ません。また、どれだけやる気があり、方向性が正しくても、行動に移さなければ何も変わりません。この３つのうち、どれか１つでも０になると、掛け算ですから結果も０になります。「やる気×方向性×実行力＝子育て成功」という式を日々意識することが大切です。

　目標に向かって精いっぱい努力する経験は、その後の人生で大きな意味を持ちます。人生がずっと順風満帆ならば

それに越したことはありませんが、誰しもどこかで壁にぶつかったり、苦しい時期が訪れたりすることもあると思います。そんなときに簡単にあきらめてしまうのか、それとも今の状況と自分の条件を最大限活かして乗り越えようとするのか——その違いは大きなものです。やればできるという自信や、努力する習慣を持っている子どもは、逆境にも立ち向かう力を身につけられます。

　何事にも一生懸命取り組む姿勢を育てるのが第一歩です。そうすれば、将来どのような場面でも一生懸命に取り組む習慣が身につき、大学受験はもちろん、社会に出てからもその道で「いい仕事」ができるようになっていくはずです。

　もし予想外の困難に直面したときでも、大切なのは力強く対応できる人間力を備えていることです。そんな人に育てることが、親の最大の務めといえるかもしれません。いつでも努力できるように育てられた子どもは、自らの力と努力で幸せをつかむことができます。子どもたちの可能性は無限であり、それを引き出す教育の力もまた無限だと私は考えています。

叱るのではなく、ほかにやるべきことを示す

　ある私立小学校では、電車やバスで通学する児童に対して「ほかのお客様のご迷惑になるので乗り物で騒いではいけない」と指導しているそうです。しかし、単に注意するだけでは全校生徒に徹底させるのは難しいこともあります。そこでこの学校では「電車やバスの中で読書をしよう」と呼びかけることにしたそうです。学校で読書カードを配付し、子どもたちは毎月読み終えた本のタイトルと冊数を記録します。そして、学期ごとに読書量が多い児童を表彰していきました。この作戦を始めたことで、子どもたちは電車やバスの中で騒ぐことなく、静かに読書を楽しむようになったそうです。

「電車やバスの中で騒いではいけない」と説教するのではなく、電車やバスの中でやるべきこと（読書）を与え、さらにそれを励みにする仕組み（読書カードと表彰制度）を作ることで、子どもたちは自然と騒ぐことをやめ、読書に熱中するようになったのです。

　してほしくない行動の代わりに、子どもが夢中になれることを提供すれば、自然と望ましい行動をしてくれるということです。子どもが喜んで取り組める内容を用意し、その努力を支える仕組みを作ることが重要です。

智慧 46 じっくり良さを伝える

　これは子どもを医師にしたい家庭では特に有効な作戦だと考えています。もし親が医師であれば、日々の仕事を話題にするのは最も効果的です。親が子どもに医師という職業の素晴らしさを日々伝えることは、子どもが自発的に医師を目指すきっかけになります。

　例えば、「医師の仕事は大変だ」「当直があって疲れる」といった愚痴を繰り返していると、子どもはそんなに大変ならなりたくないと思ってしまうはずです。反対に、医師のやりがいや達成感を話題にすることで「医師っていい仕事だな」と自然に思えるようになるのです。

　例えば食事の際に、患者に喜んでもらえたエピソードなどを話します。患者の命を救う喜びややりがいをさりげなく伝えることで、子どもは医師という仕事に興味を持つかもしれません。

　大切なのは、親自身が医師としての仕事を楽しみ、意義を感じている姿を見せることです。医師である親が、自分の仕事の素晴らしさを日々伝えることで、子どもは「お父さん（お母さん）のような仕事をしてみたい」「人を助ける仕事に就きたい」と思うようになるのです。

肯定的な表現をする

　私は子どもに何かを伝えるとき、否定文ではなく肯定文を使うほうがよいと思っています。例えば、「勉強をサボらない」より「勉強を進んでやる」と表現するほうが子どもに伝わりやすくなります。否定文は、潜在意識において「しない」という部分が消え、逆に「する」方向ですり込まれてしまうことが多いからです。「しない」「じゃない」といった表現は避け、肯定的な言葉で子どもを育てていくのです。

　例えば、「忘れ物をしない」ではなく「いつもチェックする」。「ケアレスミスをしない」ではなく「きちんと確認して100点を取る」。「親に逆らわない」ではなく「親の言うことを真剣に聞く」といった具合です。

　口にしたことが現実になるという言霊信仰が日本にはあるように、あってほしくない、悪いことは極力口にせず、良いことだけを口にするほうがいいと思います。自分の経験を振り返ってみても言葉の力は大きいと実感しています。否定的な言葉よりも、肯定的な言葉を選ぶことで、子どもだけでなく、親の心にも良い影響を与えられていると思います。

　親が子どもに指示を出す際、つい「こうしないとこうなる」という脅しのような言い方をしてしまうことがあります。この方法を頻繁に用いるのはおすすめできません。子

どもには「命令文＋or」ではなく、「命令文＋and」の形で伝えるほうが効果的だと感じています。

例えば、「しっかり勉強しなさい。さもないと希望の学校には入れないよ」ではなく「しっかり勉強しなさい。そうすれば希望の学校に入れるよ」のほうが良い行動につながりやすいです。どちらも同じ内容を伝えているように見えますが、前者は否定的な印象を与え、後者は肯定的な未来を描かせます。「希望の学校に入れない」という言葉のほうが現実になってしまうからです。

この考え方は、褒める場面でも当てはまります。例えば、前回80点だった子どもがテストで点数を上げて、95点を取ってきた場合、多くの親は「頑張ったね。でも５点間違えたよ」と言いがちです。このような言い方では、子どもは５点間違えたという部分だけが記憶に残り、結果的に褒められていると感じられません。

「すごく頑張ったね。15点も上がったじゃない！　本当に偉いね」とまずしっかりと褒めたうえで、「次はこうしたらもっと良くなるよ」と改善案を添えるのが理想的です。こうすることで、子どもは成果を認められたという満足感を得ながら、さらに頑張ろうという意欲が湧きます。

智慧 48 幼児期から育てたい規範意識

　規範意識とは、ルールや決まりを理解し、それを守ろうとする気持ちを指します。子どもは、幼稚園や保育園などでの集団生活を通じて、ルールの大切さやその意味を学びます。

　幼少期は、人生における価値観が形成される重要な時期です。この間に親や周囲の大人から見たり聞いたりすることは、その後の人格形成に大きく影響します。人は成長する過程で、世の中の「悪いこと」や「みにくいこと」に触れることがあります。しかし、どのような状況でも自分を見失わずにしっかりと生きていくためには、この時期に人生の基盤となる価値観を身につけることが大切です。

　アメリカの研究では、就学前にしっかりとしたしつけを受けた子どもたちは、自制心や粘り強さといったIQでは測れない能力に優れ、長じて社会的な成功を収める割合が高いことが示されています。「高学歴＝人として優れている」というわけではありません。学歴は社会で活躍するための一助にはなりますが、それ以上に必要なのは「人間力」です。誠実さや正直さといった規範意識は、長い人生を通じて周囲からの信頼を勝ち取り、真の成功を収めるために欠かせない要素です。

　子どものときに親や先生から繰り返し言われていたことが、規範意識になり、その規範が基礎となって倫理観や道徳心が培われるものです。親は右ページのような具体的な

習慣を日常生活で意識的に伝えることが大切です。

【　就学前に身につけさせたい基本的な価値観　】

1. 挨拶をする

2. 「ありがとう」と感謝を伝える

3. 自分がされて嫌なことは人にしない

4. 他人に親切にする

5. 嘘をつかない

6. どんなことでも精いっぱい努力する

7. 自分のことは自分でやる

8. 約束やルールを守る

9. 素直な心で生きる

　これらを幼少期から習慣化させることで、子どもは高い倫理観を身につけ、社会に貢献できる大人へと成長します。親であれば誰もが、わが子の幸せを願うはずです。

　しかし子どもを溺愛するあまり、きちんとしたしつけができていないケースも少なくありません。もし「わが子の真の幸せ＝25年後、人間力を備えた社会人として活躍し、貢献する姿」を実現したいと考えるならば、幼少期から

しっかりとしたしつけを通じて、規範意識を育むことが大切です。幼い頃に身につけた価値観や習慣は、その後の人生における基盤となります。親が真剣に向き合い、わが子の未来を見据えて導くことが、真の親の務めといえます。

なかでも即効性があるのが「おはようございます」「こんにちは」などの「挨拶」です。知り合いに会っても自分から挨拶できず、親に「挨拶しなさい」と言われて、ようやく小さな声で「おはよう」と返す姿を見かけることもあります。こうした子どもたちは、挨拶の大切さやその効果を知らないだけかもしれません。

挨拶は「先手必勝」です。あとから挨拶を返すのではなく、自分から先に挨拶をすることで、相手に好印象を与えることができます。例えば、マンションのエレベーターで近所の人に会ったとき、笑顔で元気よく「おはようございます」と先に声をかければ、相手もきっと嬉しく思い、子どものことを覚えてくれるでしょう。一方で、相手に先に挨拶されて、それに小さな声で「おはよう」と返すだけでは、相手への印象は薄くなってしまいます。

そして、ただ挨拶するだけでなく、笑顔を添えることで相手に安心感を与えられます。親が「挨拶は先手必勝だよ」と教え、自らがお手本を見せることで、子どもにも自然とその習慣が身についていきます。

挨拶ができる子どもは、それだけで周囲に好印象を与えるものです。逆に、挨拶ができないと、少し残念な印象を持たれることもあります。だからこそ、挨拶というシンプ

ルな行動を「先手必勝」で行う習慣を、幼い頃から身につけさせましょう。

　何かをしてもらっても「ありがとう」とお礼を言えない子どもが少なくありません。相手への感謝や尊重の気持ちが言葉として表れないのです。その理由は、感謝の心を伝える大切さを教わっていないせいかもしれません。

　親がお手本として、日々の生活で感謝の言葉を実践することが重要です。親が身近な人に対して「ありがとう」と言葉にして伝えたり、感謝の気持ちを態度で示したりする姿を子どもに見せることで、自然とその価値を子どもにも伝えられます。また、家庭内で「ありがとう」を交わす習慣を作ることも効果的です。例えば、家族が何かしてくれたときに必ず感謝の言葉を伝えるルールを設ければ、子どももその大切さを学びます。

　さらに、子どもが通う幼稚園や塾、小学校を選ぶ際には、感謝や思いやりを大切にする教育方針を持つところを検討するのもよい方法です。家庭だけでなく園や塾でも同じ価値観が共有されることで、子どもは感謝の重要性をより深く理解し、それを実生活で実践できるようになります。

　感謝の言葉は、相手への尊重の第一歩です。子どもたちが「ありがとう」を自然に言えるようになるために、親としてできることから始めてみましょう。

　子どもには、できるだけ早い段階で「自分のことは自分でやる」という自立心を育てることが大切です。親が過度

に手をかけ続けると、子どもの自信や自立心が育ちにくくなります。何事も本人に挑戦させる機会を与えることが重要です。

　例えば、朝は親に起こされてからではなく、自分で目覚まし時計を使って起きる習慣をつけましょう。着替えも「自分でやってみる！」という気持ちを引き出し、親はそばでサポートするだけで十分です。お風呂に入る際も、自分で身体を洗うことに挑戦させ、「上手にできたね」「一人でやれるなんてすごいね」と褒めてあげることで、達成感を自覚させます。シャンプーやリンスも、自分でやらせてみて、足りない部分を親が仕上げる。このように、自分でやる機会を増やすことで、子どもは自信を持ち、成長していきます。

「自分でやるのはかっこいい」という価値観を、日常の中で少しずつ教えていきましょう。その積み重ねが、子どもの自立した成長につながります。

　親は子どもに「賢さ」と「優しさ」を同時に教える必要があります。どちらか片方だけでは、人間としてのバランスが崩れてしまいます。幼少期からしっかりとしたしつけを行い、規範意識を育むことで、わが子が将来、社会で信頼される存在となることを願いたいものです。

智慧 49 子どもの人格を尊重し、丁寧に接する

　子どもには丁寧な言葉で接しましょう。

　子どもがなかなか動いてくれないときに、「～してください。お願いします」と、丁寧な言葉遣いで話すのも効果的です。たとえ親であっても、子どもに丁寧語を使うのです。

　子どもには大人が思う以上にプライドがあります。私は幼児教育に長く携わってきましたが、2～6歳の子どもでも、命令されるよりも頼まれるほうが自然と行動に移してくれます。

　ただし、何にでもお願いの形を使う必要はありません。特に必要な場面でのみ使うことで、効果が発揮されます。

　親が子どもに丁寧に接することで、子どももまた、他人に対して丁寧な言葉遣いができるようになります。その意味でも、親の言葉は、子どもの人格を形づくる大切な要素の一つといえるでしょう。また、子どもに敬意を持って接すると、子ども自身も自分を大切にするようになり、自信や自己肯定感が育まれます。

　一方で、ルールが必要な場面では、毅然とした態度で伝えることも大切です。優しさと厳しさのバランスを意識し、子どもとの信頼関係を築いていきましょう。

　丁寧な言葉遣いと態度で接することは、子どもとの信頼関係を深め、行動を引き出す一つのカギとなります。

智慧 50
礼儀作法は小笠原流を お手本に

　子どものしつけや教育の方法が分からず、不安を感じる親は少なくありません。特に、自分自身がきちんと礼儀作法を習った経験がない場合、「どう指導すればよいのか」と悩むこともあるでしょう。しかし、悩むことは悪いことではありません。子育ては親自身が学びながら進めていくものだからです。

　親は子どもをしつけ、教える立場ですが、実は親自身も子育てを通じて多くのことを学び、成長していくものです。親が学びを深め、方針を明確にしていくことで、子どもに一貫した価値観や基準を示すことができます。そのためには、基準となる価値尺度を持つことが大切です。それがないと、親の判断が日々の感情や周囲の意見に左右され、行き当たりばったりの教育になってしまいかねません。子どもがまっすぐ育つためには、まず親がぶれない方針を持つことが重要です。

　子どもに普段の礼儀や立ち居振る舞いを指導する際の基準として、私がおすすめするのは日本古来の礼儀作法を学ぶことです。その中でも「小笠原流」は、礼法を本来の形で受け継いできた流派です。小笠原流は、礼法だけでなく弓道の精神にも通じており、心を伴った所作の大切さを教えてくれます。小笠原流三十一世宗家・小笠原清忠氏の著書『弓と礼のこころ』（春秋社）は、礼儀作法を学ぶうえ

で非常に参考になります。

　所作はYouTubeなどで動画を見ても分かりますが、その理由や意味は書籍のほうが分かりやすいかもしれません。礼儀作法には、単なる形式的な動作ではなく、心が伴っています。例えばお辞儀一つにしても、その意味を理解し、心を込めて行うことが大切です。茶道を見ていると、一つひとつの所作に理由があることが分かります。同様に、子どもにも礼儀作法の背景や意味を教えることで、行動に対する理解が深まり、より自然に習慣化されていきます。

　礼儀作法や言葉遣いは、普段の行動から習慣化していきましょう。間違った言葉遣いや無礼な行動を「子どもだから仕方ない」と見過ごすのは間違いです。小さな子どもでも、言ってよいことと悪いことがあることを理解させる必要があります。もし子どもが間違ったことを口にしたら、まずは厳しく叱り、その後優しく諭してあげましょう。「次からは同じことを言わない」と約束させ、許してあげる。これを繰り返すことで、子どもは自分の言動が他人に与える影響を学び、言葉遣いに注意するようになります。

　幼稚園や保育園は社会の縮図であり、さまざまな性格や価値観を持つ子どもが集まります。その中には、親が望ま

ない影響を与える子どももいるかもしれません。しかし、だからといって自分の子どもが悪影響を受ける必要はありません。わが子を守るのは親の役目です。親がしっかりとした価値基準を持ち、それを日々の生活で示すことで、子どもは正しい方向へと導かれるのです。

　礼儀作法といえば、大切なのはTPO（時・場所・場合）です。その時その場所、その場合に合わせた行動を自然にできるように導くことが、子どもの成長にとって大切です。

　子どもの「幼さ」を感じる場面は、親にとって微笑ましく愛おしいものです。特に、「ママがいい」「ママ大好き」と甘えてくる姿は、母親にとってかけがえのない瞬間でしょう。このような「子どもらしさ」を保ちながら、精神年齢を高め、礼儀正しい子にすることは決して矛盾するものではありません。

　例えば、家庭では親に甘えたり、わがままを言ったりすることが許される場面も多々あるでしょう。しかし、公の場では、わがままや周囲への迷惑を控える必要があります。そうした場で「自分の気持ちをコントロールする方法」を少しずつ教えていきましょう。

一日の終わりは親子の楽しい時間にする

　子どもを寝かせるとき、イライラしたり、そわそわざわざわした状態で眠らせるのはよくありません。大人も心配事や不安があるときには、なかなか寝付けなかったり、浅い眠りになったりしますよね。同じように、子どもも不安や不快感を抱えたままでは、良質な睡眠を得られません。

　子どもが穏やかな気持ちで眠りにつけるように、一日の終わりを楽しい時間にすることを心がけましょう。たとえその日に叱ってしまうことがあったとしても、寝る直前に叱りつけるのは避けるべきです。叱るなら、夜の早い時間に済ませ、反省の時間を持たせて「次から気をつけるね」と言わせるようにしましょう。そして一日の最後には「良い子だね」と優しく声をかけ、頭をなでながらお気に入りの本を読み聞かせてあげるとよいでしょう。

　寝る前は心を落ち着かせ、親子で穏やかな時間を過ごすことが大切です。叱ったあとでも、安心感や愛情を伝えることで、子どもは「次は頑張ろう」と思えるようになります。できるだけ幸せな気分で眠りにつくことで、子どもの睡眠の質は向上し、翌日の活動に良い影響を与えるでしょう。一日の締めくくりを大切にしながら、親子の絆を深めてください。

智慧 52
性格は変えられない、行動習慣を整える

　子どもの性格について悩む親は少なくありません。「うちの子は内気で将来が心配」「そそっかしいのをなんとかしたい」など、性格を変えたいと願う声をよく耳にします。しかし、性格は、生まれ持った個性であり、変えるべきものではありません。「三つ子の魂百まで」という言葉がありますが、たとえ幼い子どもでも、性格や気質は努力では大きく変えられない部分があります。

　無理に性格を変えようとするよりも簡単で効果があるのは、行動習慣を整えることです。行動が改善すれば、周囲の印象が良くなり、やがて本人の心にも良い影響を与えます。

　例えば、内気な性格の子どもの場合。内気であること自体は欠点ではありませんが、親が「挨拶は先手必勝」「まずは知っている人に自分から挨拶してみよう」と教え、生活習慣として実践させることで、元気よく挨拶する習慣が身につきます。最初は声が小さくても構いません。親が手本を見せ、頑張ったことを褒めてあげれば、子どもは次第に自信をつけます。この習慣が身につけば、内気な性格でも「挨拶が上手で明るい子」という印象に変わるのです。そして、行動が心に良い影響を与え、笑顔が増えるなど内面の変化も表れてきます。

　また、忘れ物が多い子どもには、「机の中や下を確認する」「家を出る前に持ち物をチェックリストで確認する」

などの行動を習慣化させることで、性格を変えずにミスを減らすことができます。これを親子で一緒に実践し、成功を褒めることで、行動が身につき、結果的に「注意深い子」という印象を与えるようになります。

このように、行動習慣を整えることは、子どもにとって大きな自信につながります。小さな成功体験を積み重ねることで、「自分はできる」という意識が育まれます。

また、行動が変わることで周囲の評価も変わり、それがさらなる成長のきっかけになります。しかし、それは「性格を変えた」のではなく、「行動が変わったことで心が成長した」のです。そのため、まずは行動を意識することが大切なのです。

行動習慣を整える大切さは、大人の世界でも同じです。例えば、旅客機のパイロットや外科医といった不注意なミスが許されない仕事では、確認作業を徹底することが命を守ります。鉄道関係者の「指差呼称」などの習慣は、子どもの頃には無駄に見えるかもしれませんが、実際には安全を確保するために不可欠です。

性格を変えようとするのではなく、行動習慣を整えることに焦点を当てましょう。それだけで、子どもの印象も行動も良い方向に変わり、やがて心にも良い影響を与えるでしょう。

智慧 53 「思いやり」は学力の基本

　本当に頭の良い人とは、困っている人を助け、周囲とともに成長できる余裕を持つ人ではないでしょうか。自分だけが100点を取って満足するのではなく、分からないことで困っている友達に寄り添い、教えてあげられる人です。そうした行動は、周囲の人からの信頼を得るだけでなく、自分自身の学びを深めることにもつながります。

　知性を測る指標としてよく聞くのがIQですが、現代では「EQ（心の知能指数）」も注目されています。IQは論理的な思考力や問題解決能力を表しますが、EQは感情を理解し、他者と共感する能力を指します。思いやりや共感力といったEQの高い子どもは、周囲との良好な関係を築くだけでなく、学びの場でも力を発揮します。そして、IQが高い子どもはEQも高くなりやすいという研究もあります。知性と心のバランスが取れた子どもが、真の意味で「賢い子ども」といえるのです。

　例えば、幼稚園で帰りの準備をしているとき、自分が早く終わったからといって遊びだす子がいれば、まだ終わっていない友達を手伝う子もいます。「自分はできたからそれでいい」と考えるのではなく、「できない友達を助けよう」という気持ちを持てる子どもは、EQが高いといえます。こうした思いやりのある行動は周囲に良い影響を与え、やがてその子自身に感謝や信頼として返ってくるのです。

聖書には「受けるよりは与えるほうが幸いである」という言葉があります。私はキリスト教徒ではありませんが、この言葉はまさに真理だと思っています。誰かのために行動することが、最終的に自分自身の幸福や成長にもつながるからです。ただ子どもが理解するには少し抽象的な考え方ですから、具体的なエピソードを使って伝えましょう。

例えば「〇〇君が水筒を忘れて困っていたから、自分の水筒のお茶を分けてあげた」というエピソードを通じて、「親切は引き換え条件ではなく、優しい気持ちからするものだよ」と教えることができます。そして、「直接相手からお返しがなくても、別の形であなたの優しさは誰かに伝わっていくよ」と伝えることで、子どもにもその大切さを理解してもらえるでしょう。

こうした教えを通じて、他人を思いやる行動が自分の成長にもつながることを、子どもが自然と学べるようにしていきたいものです。思いやりの心は、学力や知性を育む土台でもあります。自分の知識や能力を他者と分かち合うことで、学びの質も高まり、ともに成長する喜びを知る子どもたちが、将来どんな場所でも活躍できるようになります。優しさが巡り巡って人を支え、自分も支えられる世界をつくる力を、子どもたちにも育んでいきたいものです。

心の成長も
親がお手本を見せる

　子どもの心を育てるためには、親自身が良いお手本となることが何より大切です。子どもは親の言葉ではなく、親の行動を見て育つからです。

　例えば、親が他人の悪口を言っていると、子どももそれをまねてしまいます。親が「悪口はよくない」と口では言っていても、自ら陰で誰かを批判しているのを見せてしまえば、子どもはそれを「してもいいこと」ととらえ、同じ行動を取るようになります。

　逆に、親がいつも人の長所を探し、相手を褒める姿勢を見せていれば、子どもも自然とそのような行動を取るようになります。親が率先して挨拶をし、礼儀正しく振る舞う姿を見せていれば、子どももそれを学び、同じように行動します。子育て中の人なら誰でも経験したことはあるでしょう。

　子どもに価値観を伝える際、日々の具体的な行動やエピソードを共有するのも効果的です。「お店の人にありがとうと言う」「電車で席を譲る」「お年寄りを助ける」といった日常の場面で、親が率先して行動を見せることが大切です。親が当たり前にやっている姿を見せるだけでも、子どもにとって強いメッセージになります。それをただ説明するだけでなく、「さっき電車で席を譲ったら、おばあさんが喜んでくれて嬉しかったよ」と、実際の感情や背景を伝

えることで、子どもにも共感が生まれ、心に残りやすくなります。

また、子どもに何か良い行動を身につけさせたいときは、「形から入る」ことも効果的です。「朝起きたら自分から挨拶をする」「何かをしてもらったらまずありがとうと言う」という具体的な行動を親が実際に見せ、それを子どもに繰り返し促すことで、習慣として根付いていきます。形が整えば、心もそれに伴って成長していくのです。

親として重要なのは、子どもに対して「こうあるべきだ」と言うだけでなく、自分自身がそのお手本となることです。そして、自らの行動が子どもの心にどう影響するかを常に意識し、良い習慣や価値観を育む手助けをしていきましょう。

価値観や信念がしっかりしていないと、周囲に流されてしまいます。よく「友達の影響で非行に走った」といわれますが、実際には幼少期からの育ち方が大きく影響しています。子どもが健全に成長するためには、親が良いお手本を示し、正しい価値観を伝えることが大切です。

智慧 55 なりたい自分になる

　親は「心にいつもわが子の理想像を！」という意識を持ちましょう。例えば、わが子が目標を達成した姿を写真や絵で表現し、それを折に触れて確認します。目標を達成していない段階でも、まるで達成したかのような写真を作成し、それを名刺入れなどに入れて持ち歩くことで、自分の励みとするのです。この写真は他人には見せず、自分自身の意識を高めるための道具とします。

　私たちの塾では、授業の際、最初の挨拶のあとに、子どもたちに背筋を伸ばし、腰骨を立てた状態で１分間の黙想をしてもらいます。これは座禅のように堅苦しいものではなく、ただ椅子に座ったままで構いません。正座やあぐらも必要ありません。目を閉じ、心の中で「なりたい自分」を思い浮かべることが目的です。

　受験生であれば「志望校に合格した自分」をイメージしてもらいます。制服を着て登校している姿や、家族に「おめでとう！」と祝福されているシーンを想像するのです。もし受験しない子どもであれば、友達と楽しく遊んでいる自分や、テストで100点を取って喜ばれている自分など、自分が望む姿を思い描いてもらいます。

　子どもたちは素直ですので、わずか１～２分の間にそのイメージを具体的に描くことができます。そして、想像の中で幸せな自分を思い浮かべると、自然と表情がニコニコ

と明るくなります。「そうなりたい」という気持ちが湧き、今日の勉強に対する意欲が高まるのです。この黙想の時間は、子どもたちが自分の目標を再確認し、まだ実現していない未来を実現したかのように感じるための大切な時間です。

この黙想は「目標達成のスイッチ」を入れる役割を果たします。なんとなく１日を始めるのではなく、自分の中でスイッチを入れてから行動を始めることが効果的です。この方法は大人にも向いています。会社に行く前、自宅で「今日もいい仕事をするぞ」「目標を達成するぞ」と心の中で決意をすることで、一日のスタートが前向きなものになります。黙想は、子どもにとっても大人にとっても、目標に向かう大切な習慣となるのです。

目標達成スイッチを入れるための行動として「目標達成シート」に記入して自室やリビングの壁に張り出すというやり方もあります。目標達成シートは212ページの二次元コードからダウンロードしていただけます。A3の紙にプリントアウトして活用してください。

智慧 56 我慢できる子に育てる

　約50年にわたって塾教師を続け、延べ8000人の子どもたちと接してきた経験から私が思うのは、我慢することを教えられていない子どもは本当にかわいそうだ、ということです。

　過保護・過干渉の親は「子どもだからわがままで当たり前、子どもだから我慢しなくていい」「ママが嫌なことから全部守ってあげるから。あなたは我慢しなくていいのよ」などと言いますが、我慢する習慣がない子どもは、自分が嫌なこと、気の進まないことからは言い訳をしてすぐ逃げてしまいます。勉強もしたくないからしない。ピアノや書道など芸術分野でも地道に努力するという我慢ができないのですぐにやめてしまいます。運動でも地味な基礎練習が我慢できない、ゲームのようにすぐに結果が出ることしかやりたがらない、そんな子どもになってしまっています。

　我慢ができない人はどこに行っても挫折しがちです。将来、就職しても、なにか言い訳をつくって、我慢せずにすぐにやめてしまいます。実社会から相手にされず通用しません。自分のことしか頭になく、地道な努力を知らない、自分勝手な人になってしまうかもしれません。

　子どものしつけは幼少期ほど涙をのんで厳しくするものだと私は思います。それは将来子どもが自立&自律する糧になるからです。かわいいわが子だからこそ、溺愛ではな

く、将来を考えて「我慢」を教えるべきです。

　そして、何事にも努力を惜しまず、地道に取り組む行動習慣をつけてあげるべきです。そうすれば、子どもは子ども自身の努力と才能で人生の荒波を乗り切っていくことでしょう。わが子を人間力ある社会人に育て上げることが親としての使命です。そのためには親自身が「我慢が大事」から根気や努力・忍耐の大切さを教え伝えていきましょう。

　ちなみに、言うまでもありませんが、「我慢が大事」とはいじめや虐待や犯罪行為に対して我慢をしなさいといっているのではありません。自分が我慢をすることによって相手の悪を結果的に助長してしまうからです。悪や犯罪には我慢や泣き寝入りをすることなく正々堂々と立ち向かうべきです。

　子どもが何か新しいことに挑戦したとき、例えばピアノを習い始めたとします。最初の１週間、２週間は楽しく通っても、３週目になると「先生が怖いから行きたくない」と言い出すことがあります。「先生に叱られた」と子どもが言う場合、その理由を聞いてみると「練習しなかったから叱られた」と答えることが多いものです。ここで「分かった、もうやめよう」と簡単に引き下がってしまうと、子どもは嫌なことを我慢せず途中で投げ出す癖がついてしまいます。

169

ピアノをやめた子が次に新体操を始めたとしても、同じことが起こります。最初は楽しく通うものの、練習中にふざけて先生に叱られ、「叱られるのが嫌だから行きたくない」と言い出すのです。こうした態度が続くと、どこに行っても我慢できない子になってしまいます。本来であれば叱られたときに「私が悪かった」と反省し、そこから努力を続ければ、それなりの成果を得ることができたかもしれません。しかし、すぐにやめてしまえば何も身につかないままです。

　今活躍しているトップアスリートやその道のプロを見ても分かるように、何かを極めるにはつらい時期や挫折を乗り越える経験が不可欠です。何度も負けたり、悔しい思いをしたりしながら、それを糧にして努力を重ねることで初めて大きな成果を得ることができます。楽な道や困難のない仕事など存在しない以上、好きな分野であっても挫折や嫌なことに直面するのは避けられません。子どもに忍耐力を身につけさせるには、小さな挫折や困難の場面で、親が「簡単にあきらめない」ことの大切さを伝える必要があります。

　親が毅然とした態度を示し、困難に立ち向かう姿勢を教えることで、子どももまた成長し、困難を乗り越える力を身につけるのです。

170

智慧

57

種をまかなかったら芽は出ない

　努力はすぐに結果が出るものではありません。その過程にはタイムラグがあることを、子どもに教えるのは大切です。例えば、自然の仕組みを通して実感させるのも効果的な方法です。実際に朝顔の種をまき、一緒に育ててみるのはいかがでしょうか。「この種を植えたら、明日すぐに芽が出るわけじゃないよね。どうしてだと思う？」と問いかけてみます。子どもは「水や空気、温度が必要なんだよね」と考えるかもしれません。「肥料もあったほうがいいかな」と話を広げることもできます。

　さらに、芽が出たあとも毎日水をあげたり、日当たりを工夫したりと世話を続ける必要があります。もし植木鉢を放っておけば、「枯れてしまうんだね」と気づきます。こうした経験を通して、地道な努力を続けることの大切さを学べるのです。

　人間は朝顔とは違いますが、同じように努力の成果が表れるには時間がかかります。このような実体験を通じて、子どもに「努力は少しずつ形になる」ということを自然に理解させることができます。親が一緒に楽しみながら教えることで、子どもは努力や目標の重要性を深く感じ取り、日々の行動につなげられるようになるでしょう。

なぜお手伝いを させたほうがいいのか

　小さな子どもに家事を一つひとつ教えながらお手伝いをさせるのは大変です。「それより、自分でやったほうが早い」と手伝わせなかったり、「お手伝いなんてしなくていいから勉強しなさい」と言ってしまったりすることもあるかもしれません。それでも、私は子どもにお手伝いをさせるほうがいいと思っています。お手伝いはただの「作業」ではなく、子どもの成長において多くの価値を持つ「学びの場」です。

① 子どもを褒めるための種をつくる

　お手伝いを通して、親が子どもの行動を褒める機会が増えます。「ありがとう」「助かったよ」といった言葉をかけることで、子どもは自分の努力が認められる喜びを感じ、自信を深めていきます。

② 人のために役立つことをするのが好きな人にする

　お手伝いは奉仕の精神を育む絶好の機会です。幼い頃から家族のために役立つ経験を積むことで、「誰かの役に立ちたい」という気持ちが自然と芽生え、将来の行動にも良い影響を与えます。

③ 自己中心的な人にしない

　お手伝いをさせることで、「すべて人にやってもらうの

が当たり前」という自己中心的な考え方を防ぐことができます。他人のために行動する大切さを学ぶことで、思いやりのある人に育ちます。

④ 将来の準備

将来社会に出たとき、生活常識が身についていないと困ります。子どもの頃から家事を経験することで、生活の基本的なスキルを身につけることができます。

⑤ 家庭というチームの結束を高める

家庭内で役割分担をすることは、家族全員が「チーム」の一員であるという意識を高めます。子どももその役割を担うことで責任感が育ち、家族の絆がより深まるのです。

子どもが簡単にできる内容をお手伝いとしてお願いし、実際にやってくれたら、すぐに感謝の言葉を伝えましょう。例えば、「ありがとう、○○さん！　すごいね、お手伝いができるなんて本当に偉いよ。それに○○さんのおかげでお母さんはとても助かりました。これからもお願いね」と声をかけることで、子どもは誰かの役に立つ喜びを感じることができます。

実際には、子どもにお手伝いをさせるよりも、親が自分でやったほうが早いし、きれいに仕上がるでしょう。それ

でも、子どもを褒めるためにお手伝いをお願いすることには大きな価値があります。親が心から「ありがとう」「助かったよ」と嬉しそうに伝えることで、子どもは人を手伝うことが楽しいものだと感じるようになります。お手伝いをすることで、「人に喜んでもらえる」「自分が役立てることが嬉しい」と感じる経験を積むことができるからです。こうした経験を通じて、子どもは他者を助けることが好きになり、人のために行動する喜びを自然と学びます。

　このように、お手伝いを通して身につく力は、単に家事のスキルだけではありません。自主性や責任感、思いやりなど、社会で生きていくための大切な要素です。また、お手伝いをすることで「任される」喜びを知り、自己肯定感も育まれます。大人でも「あなたにお願いしたい」と言われると嬉しくなるものです。子どもも同じで、「○○さんがやってくれると助かるな」と言われると誇らしく感じます。

　こうした経験を積み重ねることで、自分は誰かの役に立てる存在なのだと自覚し、人に貢献することが当たり前になります。さらに、お手伝いの機会を増やしていくと、子ども自身が気づいて行動できるようになり、「次はこれをやろうか？」と提案することも。親が積極的に感謝の気持ちを伝えることで、子どもは自然と家族の一員としての役割を意識し、自主的に行動できるようになります。

智慧 59 失敗にも意味がある

 子どもが何かに失敗したとき、結果が思わしくなかったとき、親としてつい叱りたくなることがあるかもしれません。しかし、叱ることで子どもの意欲を奪ってしまう場合があります。特に、人格を否定するような言葉は絶対に避けるべきです。

 失敗したときこそ、親子でしっかり対話をすることが大切です。「どうしてこうなったと思う?」と原因を一緒に考え、「次はどうすればいいかな?」と解決策を話し合うことで、子どもの考える力を育てられます。その際、ただ話し合うだけではなく、解決策をノートに書き出し、小さな目標として具体化することが効果的です。こうした取り組みを通じて、PDCA（計画・実行・評価・改善）サイクルを一緒に回していくと、子どもは次の挑戦に向けたステップを自分で踏み出せるようになります。

 6歳までにこの習慣が身につくと、子どもは素晴らしい成長を見せてくれます。失敗したとき、ほかの子が泣いて終わるのに対して、失敗を前向きにとらえ、「なぜ失敗したのか」「次はこうすればよいのではないか」と考えられるようになるからです。

 もしも結果が出なかったときでも、「頑張ったね」「よくやったね」と努力を認め、コーチングでいう「アクナレッジメント（acknowledgment：承認）」を与えます。過程が評価されることで、子どもは「努力すれば認められる」

という実感を得ます。それがやる気の原動力となり、さらに次の挑戦への意欲を引き出します。そう考えていくと、失敗は子どもにとって成長のチャンスです。そのチャンスを親がどのように活かすかで、子どもの未来が大きく変わります。

　小学校低学年の道徳の時間に学んだ、アメリカ合衆国初代大統領ジョージ・ワシントンの子どもの頃のエピソードは、今でも心に残っています。こんな話だったと思います。ワシントンが子どもの頃、新しい斧を父親に買ってもらい、それを使って遊んでいるうちに、父が大切にしていた桜の木を誤って切ってしまいました。そのとき、黙っていれば分からないだろうと考えたかもしれません。しかし、日頃から父親が「正直であることの大切さ」を教えていたことを思い出し、ワシントンは自ら「僕が切ってしまいました。ごめんなさい」と謝りました。父親は驚いた表情を見せながらも怒らずにこう言いました。「桜の木を切ったことは褒められない。でも、自ら正直に話したその勇気を、お父さんは誇りに思うよ」

　この話は、正直であることの大切さを子どもの心に深く刻むだけでなく、親に対しての教訓を含んでいます。それは「子どもが何か間違いを犯したとき、正直に話してきたら、その正直さを認め、褒めることが大切だ」ということです。許すことと正直さを褒めることが、子どもを誠実で正直な人間に育てる秘訣です。

　しかし多くの親が、「怒らないから正直に言いなさい」

と言いながら、いざ子どもが正直に話したら感情的に怒ってしまいます。これでは子どもは、「どうせ怒られるなら本当のことを言わないほうがいい」と学んでしまいます。そして、「バレなければ何をしてもいい」と、ずる賢く、卑怯な人間に成長してしまうかもしれません。今の世の中そういった大人があふれていますが、ズルをするような卑怯な人間は一時的に成功することがあっても、長く信用を得ることは難しいでしょう。仕事や人間関係もうまくいかなくなる可能性が高いのです。長い人生を通じて成功するためには、誠実さが欠かせません。

　子どもがいけないことをしてしまったとき、それは親にとってピンチに見えるかもしれません。しかし、このピンチを「正直に振る舞うことの大切さを教えるチャンス」に変えることができます。ピンチはチャンスなのです。ピンチをそのままピンチとしてしまうのか、智慧を使ってピンチをチャンスに転じることができるのかは実は親の対応次第なのです。この意味で親の力が大切です。正直さを教え、誠実さを育む親の姿勢が、子どもの未来を大きく左右するのです。

お話を通して人生で大切なことを教える

　幼い子どもに物事を伝えるとき、直接的に「こうしなさい」と指示をしても、素直に聞いてくれるとは限りません。特に、「君が悪い」と責めるような伝え方では、子どもは防御的になり、耳を閉ざしてしまいます。

　そこで活用したいのが「物語を通じて伝える」方法です。例えば、子どもが幼稚園で友達とケンカをした場合、その出来事について直接アドバイスする代わりに、太郎くんと花子さんを主人公にした作り話を用意します。「昔々、ある町に太郎くんと花子さんが住んでいました。花子さんと太郎くんがブランコの順番でケンカをしてしまいました。太郎くんは次の日、自分から花子さんとお友達に『ごめんなさい』と言って謝りました。でも花子さんは『私は悪くないもん。悪いのは太郎とみんなだから』と言って、ぷんぷんしていました。そうこうするうちに花子さんと遊ぶお友達がだんだんいなくなってしまいました。花子さんが自分勝手で人のせいにばかりするからです。花子さんはいつもひとりぼっちで寂しく過ごしています。太郎くんはみんなと仲良く園で楽しく遊んでいました」という具合に進めていくのです。

　子どもは自分の話だとは思わずに夢中で聞いてくれます。そして、話の最後に「どう思う？　花子さんみたいな行動でいいと思う？」と問いかけます。子ども自身が答えを考え、「僕は太郎くんのようになりたい」と気づくよう

に仕向けるのです。こうした話を通じて、自然と望ましい行動を理解させることができます。

　子どもが友達に対して自慢をしてしまう場合も、同じく物語を用いて教えることが効果的です。「自分がすごいと思って友達にあれこれ自慢していた花子さん」の話を作り、それが友達を失う結果につながることを示します。最後に「今の話、実は君に少し似ているところがあるかもしれないよ」と伝えます。そして、「自分が成功したときは『みんなも一緒に頑張ろう』と言える人になれると素敵だよね」と提案するのです。

「褒められたら『まだまだです、これからもっと頑張ります』と返す」「友達がすごいねと言ったら『一緒に頑張ろう』と励ます」など、具体的な振る舞いを教えることも大切です。そうすることで、自分だけが頑張るのではなく仲間をも引き上げ、仲間とともにチームとして頑張るという道を示せます。

　直接「自慢するな」と伝えるよりも、物語を通じて「なぜ自慢するとよくないのか」を考えさせるほうが、子どもにとって心に残りやすくなります。また、昔話や偉人伝を活用するのも良い方法です。これらの話を通じて、子どもにとって大切な価値観や行動のあり方を自然に学ばせるこ

とができます。

　人として大切なことは物語を通して伝えます。子どもが
より良い行動や考え方を身につけられるよう、親としてた
くさん「良い話」をしてあげましょう。

　子どもの頃に聞いた「良い話」は、心の奥底に刻まれ、
普段は忘れているようでも、成人後の価値観や判断基準の
基盤となることが多いようです。そこでやってほしいの
は、計画的に「良い話」をわが子に伝える習慣を作ること
です。子どもが４歳や５歳くらいになったら、毎週１回
「いい話」を聞かせてあげてはいかがでしょうか。

　例えば、「優しさの大切さ」や「正直に生きること」と
いったテーマを設定し、それにまつわるエピソードを語る
ことで、子どもの心を豊かにし、成長をサポートできま
す。さらに、その内容を毎週ノートに記録しておくとよい
でしょう。「この週は正直さについて話そう」「次の週は感
謝の心について話そう」とテーマを事前に計画すること
で、１年間で52本もの心の成長に役立つ話を用意すること
ができます。

　しかし、１年も続けると「話のネタが尽きるのでは」と
心配するかもしれません。その場合は、新しい話を自分で
作る努力をしてみてください。親自身が幅広く本を読んだ
り、多様な経験から学んだりすることが必要です。また、
他人の経験談や教訓を参考にし、それを家庭や子どもに合
う形にアレンジするのも有効な方法です。

尊敬され、社会に求められる人は「心」が育っている
他者を思いやれる優しい子を育てる智慧 第4章

　すべての話がうまくいくとは限りません。他人の話や考えをそのまま当てはめても、20のうち2つくらいしか成功しないこともあるでしょう。しかし、たった一つでも子どもの成長に役立つものが見つかれば、それだけで十分価値があります。

　親として重要なのは、日々子どものために「学ぶ姿勢」を持ち続けることです。そして、話を通じて伝えたいメッセージを少しずつ子どもに届けていくことが大切です。こうした取り組みが、子どもの心を育む一歩となります。

　このように日々努力を重ねている親の子どもは、学力面でも生活面でも成長していることが多いと私は感じています。

自分用の布団を子どもにプレゼントする

　子どもは毎晩どこで眠っていますか？　親と同じ布団やベッドで寝ている家庭も多いと思いますが、その状態が長く続くと、子どもの精神的な成長が遅れることがあります。特に、眠るときに親と同じ布団で寝るのは、自立心を育てる障害となる場合があります。なぜなら、眠るときに母親と一緒の布団という状態は胎児に近い状態だからです。子どもは安心できますが、自立の心が養われず、結果精神年齢が上がりません。

　夜寝る際の布団を別々にすることは、子どもに「もう赤ちゃんではない」という自覚を促す良い機会です。ただし、眠る部屋を別々にする必要はありません。同じ部屋で親子が川の字になって寝る形で、布団だけは自分専用のものを用意してあげるとよいでしょう。

　この変化をスムーズに進めるには、タイミングが大切です。例えば、年長さんになる４月の節目に合わせて、「新しいお布団で寝よう」と声をかけてみるのが効果的です。「おめでとう！　○○さんは４月から年長さんですね。幼稚園でいちばん上のクラスだから、これからは赤ちゃんではなく、立派なお兄さん（お姉さん）として頑張る時期です。そこで、○○さん専用のお布団を用意しました。一緒の部屋で寝るから寂しくはないし、これからは自分のお布団で寝てみましょう」

　また、子どもが前向きに受け入れられるように、「○○

さん、年長さんとしてみんなのお手本になる立派なお兄さん（お姉さん）になる？　それとも、まだママに抱っこされて寝たい赤ちゃんのままでいる？」と問いかけてみるのも良い方法です。子どもに「自分で選んだ」という気持ちを抱かせるのです。

　ただ、親のほうが「かわいいから一緒に寝ていたい」という気持ちになってしまうと、この取り組みはうまくいきません。子どもの精神的な成長を支えるためには、親が先に子離れを意識し、覚悟を持つ必要があります。布団を分けるという小さな一歩が、親と子の精神的な分離と自立を促し、将来の成長につながる大きなきっかけとなるでしょう。

　親が前向きな気持ちで接することが、子どもにとっても安心材料になります。「自分のお布団で寝るのは楽しみだね」と明るく声をかけることで、不安よりも、ワクワクする気持ちが生まれてきます。また、布団選びを一緒にするのも効果的です。好きな色やキャラクターの布団を選べば、「自分だけの特別な布団」という意識が芽生え、前向きに受け入れやすくなります。

　初めての夜は、優しく背中をさすったり、「すぐ隣にいるよ」と伝えたりすると、安心して眠れるでしょう。大切なのは、子ども自身のペースに合わせて進めることです。親の温かい見守りが、子どもの自立を支えます。

智慧 62 赤ちゃん返りは「尊重されたい」の表れ

「赤ちゃん返り」という現象があります。弟や妹が生まれたときなどに、少し大きくなった子どもが急に赤ちゃんのような振る舞いを始めることを指します。

特に母親がそばにいるときに顕著で、普段はしっかりしているのに、母親が来た途端「ママー」と甘えて赤ちゃんのような態度を取ることがあります。子どもは「大切にされたい」「もっと愛されたい」という気持ちから赤ちゃんのように振る舞うのです。

例えば、自分で着替えられる年齢なのに親が着替えを手伝ったり、幼児言葉で話しかけたりすると、子どもはその状況を心地よいと感じ、精神的な成長が滞ってしまうのです。結果として、本来の年齢よりも幼く見える子どもになってしまいます。

子どもがいつまでも赤ちゃんのように振る舞うのは、「赤ちゃんのほうがかわいがられる」と思い込んでしまっているからです。「幼いほうが愛される」と誤解させると、成長意欲を失い、赤ちゃん返りをすることがあります。

子どもの心を成長させるには、「1歳年上の子どもとして接する」ことが大切です。親や周囲の大人が少し努力すれば達成できる行動を教え、達成できたときには具体的に褒めるのがポイントです。

例えば、「こんなふうにできたなんて立派だね」「お兄さ

ん（お姉さん）みたいだね」と声をかけます。成功した場合には、「さすが！　まだ５歳なのに６歳のお兄ちゃんみたいにできるなんてすごいね！」と伝えると、子どもは「もっと頑張ろう」と思えるようになります。

　４〜５歳も年上の行動を求めると難しすぎてあきらめてしまいますが、１歳上の行動であれば、少しの努力で達成可能です。達成できる目標を与え、それをクリアしたらしっかり褒める。このアプローチによって、子どもは自分の成長を実感し、さらに成長しようとする良い循環が生まれます。

　何でも褒めればいいわけではありません。褒めるには理由が必要です。「何もしなくてもかわいいね」という褒め方では、頑張ろうという気持ちになれません。努力や成長した行動を具体的に褒めることで、子どもは「次も頑張ろう」と考えるようになります。

　１歳年上の子どもとして接し、行動を見守り、できたことをしっかり褒める。この積み重ねが、子どもの心を成長させる大切な方法となります。

智慧 63
心と身体は密接に結びついている

 誰でも不安や悩みにとらわれてしまうことはあるでしょう。そんなとき、反対に嬉しいことや楽しいこと、幸せなことを意識して考えることで、心の状態を切り替えることができます。心がマイナスの感情で満たされそうなときには、意識してプラスの思考で心を埋めるのが効果的です。

 しかし、「プラスのことだけを考える」というのは簡単ではありません。そこで、形から入る方法を試してみましょう。心が不安にとらわれているとき、鏡で自分の顔を見て口角を上げ、笑顔をつくるのです。その笑顔で家族や友人と接してみてください。不思議と不安が和らぎ、心が軽くなるのを感じるでしょう。これは、心と身体が互いに影響し合っているからです。

 身体の調子が悪いとき、心まで暗くなってしまいます。逆に、心がマイナスの状態に陥ると、身体にも不調が現れることがあります。

 この心と身体の関係はどちらかの不調が長期間にわたると大きな影響を及ぼすため、形（身体）からポジティブな行動を起こすことが大切です。形（身体）からハッピーに振る舞うと、あんなに不安でいっぱいだった心が吹っ切れて軽くなったりします。

 例えば、つらいときこそ満面の笑みを作ることで、不安や悲しみから抜け出しやすくなります。姿勢もまた、心に

大きな影響を与えます。背中を丸めていればしょんぼりした気分から抜け出せません。胸を張って目線を上げたほうが前向きな気持ちになれるでしょう。

これは決して「やせ我慢をしなさい」とか「見栄を張りなさい」という意味ではありません。自分の心は自分でコントロールするという考え方を実践するのです。他人や周囲の環境に心を支配されるのではなく、自分の心の持ち主は自分自身である、ということを忘れないでいたいものです。

子どもの学校生活にもこれはあてはまります。授業中に足を組んだりほおづえをついたりしていると、心もだらけやすくなります。一方で、正しい姿勢を意識することで、心が引き締まり、集中力や学習効率が高まります。これは「心と身体が結びついている」という考えと一致していると思います。

成績が良ければそれで十分だという考え方は、もはや通用しません。現代は人間力が求められる時代です。社会で活躍するためには、姿勢や礼儀といった基本的な習慣を幼少期から身につけることが重要です。心と身体のつながりを意識し、明るい心で前向きな行動を心がけていきましょう。

智慧 64 心の成長をノートに記録する

　子どもに話すお話をノートに書き留めておく方法は大事ですが、このノートをさらに活用し、子どもの成長記録を書き加えてみるのもよい方法です。

　話した内容や子どもの反応を記録することで、育児の記録としても価値ある一冊になります。例えば、子どもが親の話にどのように反応したかを書き留めると、心の成長が見えてきます。

　話を聞いて退屈そうにしていたのか、それとも目を輝かせて聞き入っていたのか。その違いを親が感じ取り、記録として残しておくことは、子どもの成長を具体的に振り返る助けになります。さらに、2～3行でいいので日々の出来事や気づきも一緒に書き込むと、より豊かな記録になります。

　こうした記録は、親と子両方にとって大切な財産となります。育児は毎日の積み重ねですが、その中で得られる気づきを記録に残しておくことで、親としての視点を整理し、子どもと向き合う際の大きな助けになります。

　記録を読み返すことで、親自身が子どもの成長を懐かしむ時間を持てます。ノートに書かれた内容を目にすると、その当時の家庭の様子や子どもの姿が、まるで映画のように鮮やかによみがえります。それは単なる反省ではなく、家族の歴史を温かく振り返る貴重な機会となります。

さらに、子どもとのコミュニケーションの質を高める効果もあります。記録を見返すことで、過去の出来事や子どもの反応を思い出し、それに基づいた会話をすることができます。「あのときこんなことを話したね」「あれができるようになったんだね」といった具体的な言葉をかけることで、子どもは親が自分をしっかり見守っていると感じ、安心感を得られるでしょう。

もしかしたら、将来、子どもが成長し結婚して親になったとき、「あなたもこうやって育ってきたよ」と伝える材料になるかもしれません。「赤ちゃんの頃はこんなふうだった」「首がすわったのは〇カ月のときだった」といった具体的な経験を伝えることで、次の世代の育児にも役立つでしょう。

子どもの心の成長記録をつけて、「見える化」することで、日々の育児がより豊かになり、家族の絆を深める機会が増えるのです。忙しい毎日の中でも、少しずつ記録を積み重ねてみてください。

5つの心の習慣

「5つの心の習慣」は、子どもの心の成長に欠かせない指針です。

【 5つの心の習慣 】

① 褒められたときは、素直に喜びはするが、自慢をしたり、おごり高ぶったりはしない。「まだまだ努力が足りない。次も頑張ろう！」と思う習慣
② 叱られたときには、素直に「ごめんなさい」と言い、自分のどこが悪かったのかを反省し、次は同じような失敗をしないと決意する習慣
③ 失敗したとき、原因を自分以外に求めずに、「自分は何が足りなかったのだろう？」と自己反省し、改善に結びつける習慣
④「うるさいな！ 分かっているよ！」ではなく、まずはその指導を受け入れ、素直に「やってみよう！」と思う習慣
⑤ 童話や昔話を読んだとき「もし、自分だったらどう思うだろう？」とその相手の立場に立って考える習慣

豊かな感受性や優しさは相手の立場になって考え、相手を尊重することから生まれてくるものです。また、それが「人の気持ちの分かる人」に育てるコツです。

人に頼られ、好かれ、成功する人の共通点として、謙虚さや自分に厳しい姿勢があり、こうした資質は、幼い頃から少しずつ培われていく心の習慣によって育まれるものです。親として大切なのは、子どもに「心のあり方」や「考え方」を具体的に教えることです。例えば、叱られたときに「自分は悪くない」と言い訳して終わるのではなく、「なぜ叱られたのか」を考えさせ、次にどう改善するかを自分で考えられるよう導くことが必要です。こうした経験を重ねることで、子どもは「叱られること」を単に恐れるのではなく、それを成長のきっかけとしてとらえる心の強さを身につけていきます。

「心の習慣」を教えるには、親自身のエネルギーや時間が必要です。しかし、これを怠れば、成長した子どもが周囲から後ろ指をさされるような行動を取る可能性があります。それは、子ども自身にとっても不幸なことです。心の習慣は、自然に身につくことはありません。日々の生活の中で、親が根気よく教え、子どもがその意義を少しずつ理解していく、というプロセスを積み重ねていく必要があります。

　多くの親が日々の忙しさに追われ、つい目に見える行動だけを叱ってしまいがちです。「それをやってはいけない」と繰り返すだけでは、子どもは「叱られていないことはやってもよい」「誰も見ていなければ何をしてもよい」と

考えるようになってしまいます。このような指導は、病気の原因を放置して症状だけを治療する対症療法に似ています。根本原因にアプローチしなければ、次々と新たな問題が生じ、終わりがありません。

　本当に子どもの心を育てたいなら、「なぜそれがいけないのか」「どうあるべきか」といった心のあり方を一緒に考える時間を持つことが大切です。これを教えずに行動だけを矯正しようとすると、子どもの成長の機会を奪うことになりかねません。親が本当に見るべきは、目に見える行動だけではなく、なぜその行動をするのか、行動を生み出した子どもの心のあり方です。

　親がしっかりと時間をかけて心の習慣を教えれば、子どもは「良い子」から「良い人」へと成長し、豊かな人生を歩む基盤を築くことができます。

　極端な例ですが、人間の子どもが生まれてすぐに社会から隔離され、動物に育てられたとしたら、もし人類と一切接触せずに成長すれば、その子は動物のような行動をとるようになるでしょう。人が人間らしく育ち、尊厳を持つようになるのは、周囲の大人がその子どもに必要なことを教え、育んでいくからです。そのため、乳幼児期からの教育は非常に重要なのです。

尊敬され、社会に求められる人は「心」が育っている
他者を思いやれる優しい子を育てる智慧　第 4 章

第 4 章のまとめ

❶ あるべき姿を常に思い描いて子育てをする。

❷ すべてのお手本は親。

❸ 挨拶は先手必勝。

❹ 「自分でできるのはかっこいい」という意識を持た
　せる。

❺ 「自分だったらどう？」と常に問いかける。

❻ 子どもにはたくさん「いい話」を聞かせてあげる。

❼ 寝る前のリラックスタイムを大切に。

❽ 子どもを尊重し、自立を促す。

第 **5** 章

親が先に変われば子どもも変わる
親子で学び成長していくための智慧

智慧66 子どもを変えたかったら親が先に変わる

　子どもは親の「言うこと」ではなく、「すること」を見て育つものです。親がどのように行動し、どんな価値観を示すかが、そのまま子どもの人格や振る舞いに影響します。

　もし親が他人の悪口を子どもの前で話しているとしたら、子どもはそれを見て「悪口は陰で言えばいいんだ」と学びかねません。例えば、マンションのママ友同士である人の悪口を散々言っていたのに、その本人が来ると途端に笑顔で「こんにちは」と挨拶し親しげに話し始める……このような態度を子どもが見ていると、「人前ではいい顔をして、陰で何を言っても構わない」という間違った価値観が身についてしまいます。子どもは親の言葉ではなく、親の行動をそのまままねるからです。

　例えば、親が玄関で靴をそろえて「ただいま」と帰宅する姿を見せていれば、子どもも「お父さんがしているから私もやろう」と思うでしょう。

　デール・カーネギーが『道は開ける』(1944) と『人を動かす』(1936) で語るように、周囲を変えたいなら、まず自分が変わる必要があります。子どもの行動を良い方向に変えたい場合も、親が先に変化を示しましょう。子どもはいつでも親を見ているのですから、親が変われば子どももすぐに変わります。

智慧 67

「生まれてきてくれて ありがとう」を忘れない

「子どもが思うように育たない」というのは、親として避けられない悩みの一つかもしれません。わがままを言ったり、問題を起こしたりする姿に、「どうしてこうなるの？」「なぜ勉強しないの？」と思わずため息をついてしまうこともあるでしょう。親としては、「自分がこんなにも愛情を注いできたのに、なぜ期待に応えてくれないのだろう」と感じてしまうかもしれません。けれど、子どもは親の分身やコピーではなく、一人の独立した人格を持つ存在です。親と同じ考え方や価値観を持たないことも自然なことですし、それが子どもの個性でもあるのです。

子育てで壁にぶつかったときは、子どもが生まれたときの喜びや感謝の気持ちを思い出してみてください。わが家に新しい命が加わると知ったあの瞬間、どれほど心が躍り、幸せな未来を想像したことでしょう。「生まれてきてくれてありがとう」という感謝の気持ちは、親としての原点です。親が何より願うのは、子どもの幸せです。子どもの笑顔を見ることが、親自身の喜びにもつながります。だからこそ、子どもの成長を見守りながら、親自身も学び、理想を持ち続けることが大切です。「こんなふうに育ってほしい」という願いと、「生まれてきてくれてありがとう」「わが家の子でいてくれてありがとう」という感謝の気持ち。その両方が、子どもと向き合う力となり、子育てを続ける原動力になるのです。

197

智慧
68

親も学ぶことで
「より良い親」になる

　子育ては、すべての親にとって共通の大きな使命です。多くの親は、自分が育てられた方法をもとに子どもを育てています。それ自体は自然なことであり、決して悪いことではありません。しかし、そのやり方だけでは、子どもが親を超えて成長することは難しいかもしれません。親が自分よりもさらに立派な人間に育てたいと願うのであれば、自身が育てられた方法に何か新しい要素を加え、前向きな努力を続ける必要があると私は考えます。

　残念ながら、日本には「親になるための方法」や「親としてどうあるべきか」を体系的に学べる場所がありません。だから親は自ら情報を集め、試行錯誤を繰り返しながら子育てに取り組むしかありません。そのためには、子育てに関する書籍を読んだり、セミナーに参加したりして、新しい知識や視点を積極的に取り入れることが大切です。

　親の学ぶ姿勢は、子どもの学ぶ意欲を引き出す最良のお手本です。子どもに勉強を頑張らせたいと願うなら、まず親が一生懸命に働き、そして新しい知識を吸収し続ける姿を見せることが必要です。親自身の学びは自分の好きなことや関心のある分野の本を読むのもよいでしょう。趣味や仕事に関連することでも構いません。何か新しいことを学ぶ時間を持つことで、自分自身を高めることができます。親が学ぶ姿勢を見せる家庭は、自然と「学びの文化」が家庭内に根付いていきます。本棚に本がたくさん並び、親自

身が研究や勉強に取り組む姿勢を見せることで、子どもも
その影響を受け、自ら進んで学ぶようになります。

その姿勢が、子どもにとって一生の財産となり、未来を
切り拓く力を育むはずです。

親としての学びを深めるのが先人の智慧です。私が親の
学びにぴったりだと思う書籍が何冊かあります。

その一冊が明治時代のベストセラーである『西国立志
編』（サミュエル・スマイルズ、中村正直訳・1871）です。
この本には、どの時代にも通じる普遍的な教えが書かれて
います。古い本ですが、子育てをするうえで指針となる考
え方が出てきます。子どもを立派に育てるためには、私た
ち大人もまた学び続ける必要があります。

【　親も学び続けるべき心得　】

1) 勤勉であれ、地道に努力しよう
2) 日々学び、日々努力
3) 人として恥ずかしいことや卑怯なことをするな
4) 礼儀を重んじ、不調法なことをするな
5) 自分がされて嫌なことは人にはするな
6) 無責任なことはするな。人生の目標を持とう
7) 自分だけの人生から、世のため、人々のための人生へ

『西国立志編』に書かれたこれらの教えは決して古びたものではありません。むしろ、今の時代だからこそ必要な考え方です。

　また、江戸時代の寺子屋で使われていた教材なども子育ての参考になります。テレビでもよく見かける齋藤 孝教授が現代語訳した『子どもと声に出して読みたい「童子教」』（2013）や『子どもの人間力を高める「三字経」』（2016）には、子どもの教育だけでなく、親としてのあり方についても多くのヒントが詰まっています。

　親であることは、人生における最大の学びの場ともいえるでしょう。愛するわが子のために、私たち自身が日々努力を重ね、成長しながら子どもの成長を支える存在であり続けることが大切です。すべての親が親としての学びを深めていくことで、次世代を担う子どもたちもまた良い影響を受け、その結果として社会全体が進歩し、より良い未来へとつながっていくはずです。子どもたちが成長し、次に親となったとき、またその学びを引き継ぎ、さらに素晴らしい世代を育てていく。その繰り返しによって、世の中は少しずつでも確実に良くなっていきます。一歩ずつ、小さな変化を積み重ねながら、より良い未来を目指していきましょう。

親のほうが子離れを意識しよう

　子どもを大切に育てたいという親心は当然のことです。しかし、「かわいい」という気持ちだけで接していると、子どもが自分のことを自分でできないまま成長してしまいます。親がすべてを先回りしてやってしまうと、子どもの自立心や責任感が育たず、結果的に子どもの未来を狭めてしまいます。

　例えば、幼稚園で使う色鉛筆を忘れたとき、「ママが入れてくれなかったから」と年長児が言うようでは、自立にはほど遠い状態です。親が準備をすべて担ってしまうと、子どもは何も考えず親に依存するようになります。

　子どもに自立を促すためには、日常生活の中で小さなことから始めるのがよいでしょう。トイレ、着替え、靴を履く、部屋の片付けなど、自分のことは自分でやる習慣をつけることが重要です。子どもが自分の力でやり遂げる機会を与えることが、成長への一歩となります。

「かわいい子には旅をさせろ」ということわざがありますが、これは単に旅行をさせるという意味ではなく、子どもが自立し、自らの力で成長できる環境をつくりなさい、という意味です。親が過保護になりすぎると、子どもが自分で問題を解決する力を身につける機会を奪ってしまいます。親は子どもが自分で困難を乗り越える力を育むためのサポート役に徹しましょう。

家族から尊敬される父母になる

「子どもは親の背中を見て育つ」とよくいわれますが、本当にそのとおりです。子どもは親の言葉どおりには育ちません。しかし、良くも悪くも、親の行動や姿勢をそのまま吸収しながら成長します。

特に幼少期、6歳頃までの子どもは、自分が尊敬している大人の言葉には耳を傾けますが、そうでない相手の言葉はほとんど聞き流します。子どもに敬意を持たれない親が「言うことを聞かない」と嘆いている場合、その原因は、親が自らお手本となる姿を見せていないことにあるかもしれません。また、「友達親子」のような関係性では、子どもは親を対等な存在と見なしてしまい、いざ親が重要なアドバイスをしても受け入れられない場合があります。親は子どもにとって、人生の先達であり、指針を示す存在です。

父親の役割とはなんでしょうか？　「外でしっかり働き、妻子が安心して暮らせるように生計を立てること」は、多くの方が果たしている基本的な役割でしょう。しかし、子どもとの関わりにおいてはそれだけでは十分ではありません。「なんとなく父親になり、父親をやっている」と感じている方もいるかもしれませんが、父親が子どもに与える影響力は母親に次いで大きいものです。

すべての面で完璧に尊敬されるのは難しいかもしれませんが、「これだけは妻も子どもも尊敬している」という強

みを意識して育てれば、尊敬されることは可能です。例え
ば、周囲の人を勇気づけたり、活気づけたりすることが得
意な方は、その姿を家族に見せることで尊敬される父親像
を築けます。また、何があっても負けない、くじけない、
いつも前向きな努力を続ける姿を示せば、「うちのお父さ
んは強い心がすごい」と感じてもらえるでしょう。

　子どもにとって、父親や母親の素晴らしさを知る機会は
案外少ないものです。そのため、父親が不在のときに母親
が「お父さんの尊敬できる点」を子どもに伝えることが効
果的です。例えば、「お父さんは仕事で本当に頑張ってい
るんだよ」と伝えるだけでも、子どもの心に父親への尊敬
の念が芽生えます。

　同様に、父親も母親がいない場面で母親を褒めること
で、子どもに家庭全体の尊重の雰囲気を伝えることができ
ます。例えば、「君のお母さんはとても優しくて、家族み
んなのことを一生懸命考えてくれているんだ」と伝えるの
です。こうした褒め合いを「作戦」として取り入れること
で、子どもは両親を尊敬し、家庭の絆が深まります。

　親が子どもの前で努力を惜しまず、模範となる行動を示
すことで、子どもは自然と親を尊敬し、その言葉に従うよ
うになります。100％完璧なお手本でなくても構いません。
親として努力を重ねる姿を見せることが、子どもの心に響
くのです。

智慧 71
子どもの成長に合わせて親も学ぶ

　子どもは日々成長しています。それに伴い、親としての役割や関わり方も変わらなければなりません。私自身も「幼稚園児の父親」から「中学受験生の父親」、さらに「中高一貫女子校生の父親」「大学生の父親」を経て、現在は「社会人（7年目）の父親」として子どもと向き合ってきました。その経験の中で学んだのは、子どもの成長に合わせて親も成長し続ける必要があるということです。

　幼稚園児の親として理想的だった接し方も、小学生や中学生の親としては通用しないことがあります。子どもの発達に寄り添い、柔軟に対応を変えながら「最高の親」であり続けるには、親自身が常に学び、アップデートを続けることが大切です。もちろん、親であることに「完成形」はありません。わが子が何歳になっても親は親。その時々で、子どもにとって良い影響を与えられる存在でありたいと思っています。

　子どもとの接し方は、成長段階に応じて変わるべきです。幼稚園児には手を貸し、なんでもやってあげることが必要ですが、小学生になれば少しずつ自立を促し、中学生や高校生には自分で物事を考え、行動する力を育てる関わり方が求められます。しかし、それに気づかず、幼児期と同じ方法で接し続けると、親離れや子離れができず、相互依存の関係になってしまうこともあります。

「子どもは親の所有物ではなく、自由に生きるべきだ」と

よくいわれます。その考えにも一理ありますが、それだけでは親としての使命を見過ごしてしまいます。親の使命は、「授かった子どもを幸せにし、社会に貢献できる人物として育て上げること」です。親がこの使命を果たすことで、間接的に社会に貢献することができます。

　親が学び、成長し続ける姿を見せることで、子どもも自然とその姿勢を受け継いでいきます。親として「完璧」である必要はありません。しかし、学び続ける努力をする親は、子どもの可能性を広げる存在になれるのです。わが子がより良い人生を歩めるよう、親自身も学び、アップデートしていきましょう。

智慧 72 親としてのありようは100人いれば100通り

　子どもを少しでも良い方向に育てたいと願う気持ちがあれば、親としてのあり方に正解はありません。100人の親がいれば、100通りのあり方、100組の親子がいれば100通りの子育てがあるのが自然です。それぞれの親が持つ価値観や考え方、環境に応じて、子育ての形が異なるのは当然のことです。

「少しでもわが子を優しい子に育てたい」「賢く、進んで学ぶ子になってほしい」と考えるなら、本書を参考にしてください。本書を読み進めながら、考えや計画を深めてほしいと思います。そして、ぜひあなただけのオリジナルの子育て計画書を作り、それを実行してみてください。子どもは親の関わり方次第です。親が変われば、子どもも変わります。

　親としての行動や考え方を少しずつ見直し、より良い方向へ向かうことで子どもの可能性をさらに引き出せるはずです。「完璧な人」が存在しないように「完璧な親」も存在しません。しかし理想を目指して工夫や努力を重ねることが、親の愛情だと私は考えます。子どもの未来をより輝かせるために、親としてどうあるべきかを考え、行動する。それが理想の子育てを実現する第一歩となります。

親が先に変われば子どもも変わる
親子で学び成長していくための智慧　第 5 章

第 5 章のまとめ

① 親も学ぶことが大事。

② 親は子どものお手本になる。

③ 子どもは尊敬する人の言葉しか聞かない。

④ 子どもを変えたかったら、まず親が変わろう。

おわりに

　今から22年前、私は中高受験塾の講師をしていました。その頃、塾に通う生徒の中には、さまざまな問題を抱える子どもが少なからずいました。親御さんの相談を受けながら子どもたちの状況を見ていると、その問題は中学3年生の「今」に始まったものではなく、もっと前から積み重ねられてきたものだと感じることが多かったのです。

　中学3年生になってから問題を改善しようとするのは非常に難しい。親子間で対話がない場合も多く、すれ違いが続いている状況では、親御さん自身がすでにあきらめかけていることも少なくありません。親としては、高校受験を成功させたいという思いはあるものの、そこに向けた努力をするための基盤が整っていないのです。今から始めても間に合わない――それが当時、私が直面していた現実でした。

　しかし、相手が4歳や5歳の幼い子どもを育てている親御さんだったら、話は違います。「お母さん、まだ間に合いますよ。こういう習慣をつけて、こうやって接していけば、お子さんは良い方向に変わっていきますよ」と具体的なアドバイスをすることができます。そしてそのアドバイスを0〜6歳の時期に実践していただければ、子どもたちの未来は大きく変わる可能性があるのです。そう考えて、私は幼児期に特化した塾を立ち上げました。0〜6歳とい

う時期は、子どもにとっても、親にとっても、まだ間に合うことがたくさんある貴重な時期なのです。

　ぜひ、お子さんが努力を重ね、自分のなりたい姿に近づき、幸せに生きている未来を想像してみてください。そしてその姿を、親である自分が誇らしく見守っている情景も思い描いてください。子どもが社会人として立派に活躍し、幸せに人生を歩む。その姿を目にすることは、親として最高の幸せではないでしょうか。

「いつも心に理想像を持つこと」、これが未来を切り拓く第一歩です。私たち親が前向きに生き、学び続けることで、子どもたちの可能性を最大限に引き出せるのです。この本が、親御さんとお子さんの幸せな未来を築くお手伝いになれることを心より願っております。

　　　May you be very happy ！

本書を応援してくれるみなさんへ

　ここまで読んでくださっているのは、この本に価値を見いだしてもらえたからでしょうか。あなたにとって何か有益なことがあったなら、もう少しお付き合いいただき、応援をお願いしてもよろしいでしょうか。

　ほかの人にも本書を知ってもらいたいと思ってくださる方には以下の方法で支援をお願いしたいです。決して難しいものではありませんので。

　この本を読んで実行したら、子どもが良い方向に変わりだした。子育てがうまくいきだした。子育てに自信が持てた。子育ても人生の目標の一つになった。── そんな御父母様が一人でも多く増えますように。

本書のレビューを書く

・アマゾンで星５つのレビューを書く。
・本書を購入したところで星５つのレビューを書く。

SNSに投稿する

・Facebookに推薦の言葉（と本書を手にしたあなたの写真！）を投稿する。
・この本を喜んでくれそうな人たちが参加しているFacebookグループがあれば、推薦の言葉（と本書を手にしたあなたの写真！）を投稿する。

- Instagramに本書を手にしたあなたの写真をアップし、キャプションに推薦の言葉や心に響いた部分を投稿する。
- X（旧Twitter）に推薦の言葉（と本書を手にしたあなたの写真！）を投稿する。
- LINEに推薦の言葉（と本書を手にしたあなたの写真！）を投稿する。

本書を薦める

- 本書を喜んでくれそうな友人・同僚に理由をそえて推薦メッセージを送る。
- もう1冊買って、友人に贈る。

橋渡しをする

- イベント企画者をご存じであれば、基調講演の話者として私を紹介してください。「子育て絶対成功法」や「目標達成シートの作成・活用法」、「絶対合格する小学校受験・中学校受験」についての話ができます。
- ポッドキャスト番組を持っている人をご存じであれば、ゲストの候補として私を紹介してください。「子どものしつけ・教育」に関して役に立つ話ができます。

もっと詳しく知りたい方へ

　ここまで読み終えて、さらに興味がある人に向けて、いくつか情報収集法を紹介します。

● **目標達成シートのテンプレート**

　右下の二次元コードからダウンロードできます。

目標達成シートのダウンロードはコチラ

● **ブログ記事**

　私はgooブログ「絶対合格」を配信しています。記事数は約1500本に達しています。

　ブログでは本書の内容をさらに掘り下げて具体的に説明しています。また、私立小学校の先生方を毎年ゲストに招いて講演していただいています。本書ではあまり触れていない「7歳〜12歳の子育て絶対成功法」や「私立小・中受験対策」についても定期的に執筆しています。

ブログのリンクはコチラ

● コンサルティング

　私からの直接の協力を求める方々に向けて、「子育て絶対成功セミナー」を各地で開催しています。講演に加えて、セッションではあなたと一緒に「子育て絶対成功プラン」を作成します。

　あなたの街でセミナーを開催します。セミナー開催を希望される方はお問い合わせください。

セミナーの詳細はコチラ

謝辞

　この本の出版に力をお貸しくださったすべての方にこの場を借りて感謝を捧げます。

　見ず知らずの方からお手紙をいただき、「本を書きませんか」との突然のお誘い。初めは、有り難いやら、信じられないやら……でした。ブログは何年も書き続けていたので原稿を書くことには慣れていましたが、書籍の出版は人生初です。

　そして、「子育て絶対成功法の本」を出版したいという私の希望に快く賛成し、応援し続けてくれた妻に感謝しています。いつもありがとう。あなたのおかげで私の人生はますます光輝いています。これからもよろしく。

井澤 亨 （イザワ トオル）

1957年東京都北区生まれ。東京都立小石川高等学校（現小石川中等教育学校）、中央大学法学部法律学科卒。

19歳（大学1年生）から塾講師。在学中に某大手塾の創立から関わり、卒業後もそのまま塾教育に携わる道に進む。

2002年に独立し、私立小学校受験専門塾「ウエルストリーム」を設立。教育を通じてお子様と御父母様の夢を実現し、ご家庭の幸せの礎を築くことを自らの使命としている。

本書についての
ご意見・ご感想はコチラ

子育て"絶対成功"論
妊娠中から6歳までの子育て72の智慧

2025年4月18日　第1刷発行

著　者　　井澤 亨
発行人　　久保田貴幸

発行元　　株式会社 幻冬舎メディアコンサルティング
　　　　　〒151-0051　東京都渋谷区千駄ヶ谷4-9-7
　　　　　電話　03-5411-6440（編集）

発売元　　株式会社 幻冬舎
　　　　　〒151-0051　東京都渋谷区千駄ヶ谷4-9-7
　　　　　電話　03-5411-6222（営業）

印刷・製本　中央精版印刷株式会社
装　丁　　立石 愛

検印廃止
©TOHRU IZAWA GENTOSHA MEDIA CONSULTING 2025
Printed in Japan
ISBN 978-4-344-69351-7 C0037
幻冬舎メディアコンサルティングHP
https://www.gentosha-mc.com/

※落丁本、乱丁本は購入書店を明記のうえ、小社宛にお送りください。
送料小社負担にてお取替えいたします。
※本書の一部あるいは全部を、著作者の承諾を得ずに無断で複写・複製することは
禁じられています。
定価はカバーに表示してあります。